刺繍の贈りもの

蓬莱和歌子

Contents

Flower Alphabet Sampler

5 花のアルファベットサンプラー

For Fashion Lover

おしゃれ好きのあの人へ

8 がま口クラッチバッグ

9 5番刺繍糸による草花のサンプラー

10 花かごみたいなポシェット

12 旅のための巾着

13 おしゃれこもののサンプラー

For Wedding

結婚するあの人へ

14 ドレスハンガー

16 リングピロー

17 イニシャルハンカチ

For Baby

生まれてくる赤ちゃんへ

18 動物と花々のサンプラー

19 森の動物たちのサンプラー

20 うさぎのスタイ

21 りすのベビーシューズ

For Mother

大好きなお母さんへ

22　ブーケの刺繍枠フレーム
24　めがねケース
25　切り花のサンプラー
26　マーガレットのエプロン

Wrap with Love

きもちを包む

28　刺繍のリボン
29　花の連続模様のサンプラー

For Handmade Lover

お裁縫好きのあの人へ

30　ソーイングセット
31　リボンの飾り枠のサンプラー
32　ニードルブック

For Good Friends

なかよしのみんなへ

34　ハッピーモチーフのミニフレーム
36　実りのリースのがま口

Send Words

ことばを贈る

38　バースデーカード
39　クラシカルアルファベット
　　サンプラー

40　ポイントレッスン
41　刺繍のテクニック
42　基本のステッチ
44　作品の作り方

Flower
Alphabet Sampler

気持ちを言葉にのせて贈りたい……
たったひと文字で思いが伝わる、
花をまとったアルファベットのサンプラー。

花のアルファベットサンプラー

Alphabet Sampler
花のアルファベットサンプラー

がま口クラッチバッグ

サンプラーの花々をちりばめた、とっておきのバッグ。コットンパール刺繍糸を使って、
淡い色調でまとめました。贈りものとおそろいで、自分のために色違いで刺すのも楽しい。

How to make P.47

5番刺繍糸による草花のサンプラー

花かごみたいなポシェット

Foe Fashion Lovee
おしゃれ好きのあの人へ

シックな色の花々をざっくりと束ねて入れたバスケットを、そのまま持ち出したイメージで。
おしゃれなあの人の身軽なおでかけに、さっと使ってもらえたらうれしいバッグ。

旅のための巾着

おしゃれな人の旅支度はきっと、スーツケースの中身もぬかりない。靴や下着、アクセサリー……、
中身がひと目で分かる巾着に仕立てて。タッセルには5番刺繍糸を使用しました。

How to make **P.54**

For Fashion Lover
おしゃれ好きのあの人へ

おしゃれこもののサンプラー

ドレスハンガー

記念に残る特別な日。ドレスをかけるハンガーは、やっぱりとっておきのものがいい。
主役を引き立てるさりげない贈りものに、きっと花嫁も喜んでくれるはず。

How to make P.58

リングピロー

咲きこぼれる刺繍の花々がペアリングを囲むリングピロー。
ドレスハンガーと共通の図案を白糸刺繍にアレンジして。
ふたりの幸せな未来を願って丁寧に刺しましょう。

16 *For Wedding*
結婚するあの人へ

How to make P.60

イニシャルハンカチ

p.5の花のアルファベットサンプラーから。
白一色で綴るイニシャル刺繍は、花嫁にぴったりな清楚な雰囲気に。
レースのようなスカラップ刺繍でイニシャルを可憐に飾って。

How to make **P.73** 17

For Baby
生まれてくる赤ちゃんへ

動物と花々のサンプラー

How to make P.62

森の動物たちのサンプラー

うさぎのスタイ

赤ちゃんの肌に触れるものだから、
肌触りの優しいものを贈りたい。
刺繍を施したスタイは、とっておきの日の装いにぴったり。

りすのベビーシューズ

歩きはじめる前のセレモニーシューズとして。
スタイと素材や色味をそろえてデザインしました。
家族みんなの心に残る宝物になってくれるかな。

ブーケの刺繍枠フレーム

一瞬のはかない美しさのブーケを贈るのもいいけれど、刺繍のブーケなら永遠に枯れることはありません。
気軽に飾れる刺繍枠フレームは、お母さんのそばでずっと咲き続けてくれることでしょう。

めがねケース

お花屋さんでお母さんの好きな切り花を選ぶように、サンプラーからまずは1輪刺してみませんか。
ふたにそうように図案は横向きにあしらいました。大切なめがねを守ってくれる中わた入りです。

How to make P.70

24　*For Mother*
大好きなお母さんへ

切り花のサンプラー

マーガレットのエプロン

For Mothee
大好きなお母さんへ

既製品を贈るだけではちょっと物足りないあなたに。
同じ図案を繰り返し刺すのはちょっと根気がいるけれど、
そのぶん感謝の気持ちはお母さんにしっかり伝わるはず。

How to make P.73　　27

刺繍のリボン

サンプラーの連続模様をリネンリボンに刺繍しました。プレゼントの包みにお手製の刺繍リボンが
かかっていたら、それだけで温かな気持ちが伝わりそう。小物や洋服にあしらっても素敵。

How to make P.74

花の連続模様のサンプラー

ソーイングセット

サンプラーから図案を抜き出して、ソーイングセットに。糸巻き形のピンクッション、シザーケース、
メジャーにアレンジ。使って便利で、ちょっと楽しい形に仕立てましょう。

How to make P.76（シザーケース）、77（ピンクッション）、78（メジャーカバー）、33,80（ニードルブック）

リボンの飾り枠のサンプラー

ニードルブック

携帯に便利なニードルブックを、ソーイングセットと合わせて贈りものに。
お裁縫好きのあの人は、針仕事のたびにふとあなたを思ってくれるかも。

ハッピーモチーフのミニフレーム

いろんな国に伝わるハッピーモチーフたち。幸福を呼び込むお守りとして、
ネックレスやキーホルダーなど身につけられるものにして贈りましょう。

（右上から時計回りに）きのこ、鍵、四つ葉のクローバー、ホースシュー、鳩、エーデルワイス、てんとう虫

34

How to make P.82

実りのリースのがま口

お世話になったあの人たち、なかよしのみんなへおそろいのものを。
「あなたの毎日が実りのあるものになりますように」。
そんな秘かな思いに気がついてくれるかな。
（左から）オリーブ、麦穂、どんぐり

バースデーカード

サンプラーの文字と飾り枠を組み合わせました。一文字一文字時間をかけて丁寧に刻んだ文字は、
紙とインクに比べて格段に温かみを感じさせてくれます。

ABCDEFG
HIJKLMN
OPQRSTU
VWXYZ

abcdefghijklmn
opqrstuvwxyz

1234567890

クラシカルアルファベットサンプラー

Point Lesson

ポイントレッスン

Cotton Pearl

[5番刺繍糸の扱い方] この本では、DMC25番刺繍糸に加え、DMCコットンパール5番刺繍糸で刺した作品を掲載しています。

使い方

1.

2.

[特徴] 左が25番刺繍糸、右がコットンパール5番刺繍糸。コットンパール刺繍糸は、太くて撚りがかかっており、1本どりで刺します。

ラベルを外し、かせの輪を1か所カットします。

ラベルを写真のように通し直すと、1本ずつ引き出せて便利です。長すぎて毛羽立つ場合、その都度半分にカットしてもよいです。

[刺し方のポイント] 写真はすべて、左が25番刺繍糸、右がコットンパール5番刺繍糸

サテン・ステッチ
25番刺繍糸は撚りをかけないように気をつけて刺しますが、コットンパール刺繍糸は撚りがほどけないように刺したほうが艶やかに仕上がります。

ロングアンドショート・ステッチ
25番刺繍糸ではところどころ前段の糸を割って刺すことがありますが、コットンパール刺繍糸では、糸を割ることはしません。撚りについての考え方は、サテン・ステッチと同じです。

Button Hole Stitch

[ボタンホール・ステッチ] ボタンホール・ステッチ（P.43）をイニシャルハンカチ（P.17）のスカラップの縁飾りに使用したテクニックです。

1.

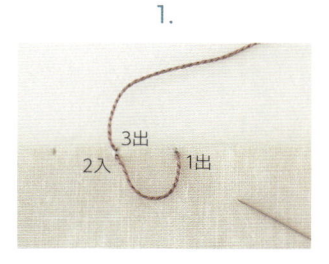

2.

3.

4.

糸を渡し、スカラップの1山の大きさのループを作ります。

2回渡したら、ループを芯にしてボタンホール・ステッチをします。

1目刺して引き締めたところ。

同様に、ループの端まで刺し埋め、最後の目は布の向う側から手前に針を出します。

刺繍のテクニック

材料と用具

[刺繍糸]

本書では、DMC刺繍糸を使用しています。25番刺繍糸は、6本の細い糸がゆるく束ねてあるので、1本ずつ引き抜いて使用します。コットンパール5番刺繍糸は、撚りがかかっているので1本どりで使用します。

[フランス刺繍針]

本書では、クロバーのフランス刺繍針を使用しています。縫い針より針穴が大きく、針先がとがっています。糸の本数に対して適切な太さの針を使うことが大切です。

25番刺繍糸	フランス刺繍針
1本どり	No.9〜8
2〜3本どり	No.7〜6
4〜5本どり	No.5
6本どり	No.4
コットンパール5番刺繍糸	No.3

[刺繍枠]

布地を挟んでぴんと張ることで刺繍が刺しやすくなります。直径10〜15cmのものがおすすめ。内枠に綿テープを巻いておくと、布地を傷めません。

[布]

麻、綿素材が刺しやすいです。粗すぎず、布目のそろった適度に張りのある布地を選びましょう。

[接着芯]

一部作品を除き、刺繍前に接着芯をはっています。どんな布地にもなじみ、針通りもよい、薄手のニットタイプがおすすめ。

[トレーシングペーパー]

図案を写しとるための透ける薄い紙。

[片面チャコピー]

布地に図案を写すための複写紙。布地の色に合わせて、見やすい色を選びます。

[セロファン]

図案をなぞるときトレーシングペーパーに重ね、破れるのを防ぎます。筆圧の伝わりやすい薄手のものがおすすめ。

[トレーサー]

図案をなぞる手芸用鉄筆。インクの出なくなったボールペンでも代用可。

布の準備

[布地の地直し]

布地の縮みやゆがみによって刺繍がゆがむのを防ぐために、大切なのが地直し。布地のよこ糸を1本引き抜き、その線にそって切りそろえます。たっぷりの水に1時間ほど浸し、軽く脱水をして陰干しします。半乾きの状態で、布地の角が直角になるよう意識して、布目にそってアイロンかけます。

[接着芯をはる]

裏が見えない仕立ての作品には、刺繍を施す前に接着芯をはっています。接着芯をはることで張りや強度が増し、刺繍枠で引っ張られて布地がゆがむのを防ぎ、仕立てた後の形も美しくなります。刺繍枠をはめやすい大きさに粗裁ちした布地の裏に接着芯を重ね、アイロンをすべらせず、押し当てるようにかけます。

図案を写す

図案にトレーシングペーパーを重ね、細い水性ペンで写しとります。布地の表面に、チャコピー、トレーシングペーパー、セロファンの順に重ねて、ずれないように固定し、トレーサーで強めの筆圧でなぞります。

仕上げ

[図案を消す]

仕立てる前に、布地の図案を消します。アイロンをかけると消えにくくなるので注意しましょう。霧吹きで消すのが困難な場合は、刺繍面を裏にして洗濯ネットに入れ、てのひらで押すように水洗いします。小さなものはタオルに挟んで水気をとり、乾いたタオルの上に平置きして乾かします。大きなものは洗濯機の手洗いコースで数十秒脱水し、布地のゆがみを整え、陰干しします。

[アイロンをかける]

アイロン台の上に清潔なタオルを敷き、刺繍面がタオルに接するように置きます。布が半乾きの状態で裏側からアイロンをかけると刺繍がつぶれず、ふんわり仕上がります。どうしても表側からかけたい場合は、刺繍が透けて見えるシルクオーガンディで当て布をして、こすらないように優しくかけます。

Basics

基本のステッチ

Steaight Stitch [ストレート・ステッチ]

1針でできるステッチ。花心や茎などの表現に使います。

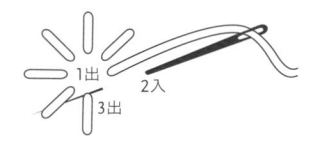

arrange　3回重ねる

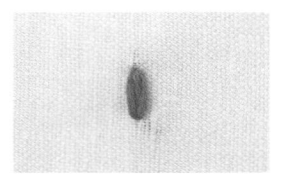

同じ穴に針を3回出し入れする。
小さな葉などの表現に

Back Stitch [バック・ステッチ]

返し縫いと同じ要領で、同じ間隔の針目で刺します。

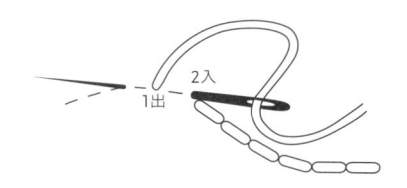

Outline Stitch [アウトライン・ステッチ]　輪郭線の表現に使います。同じ間隔の針目で、左から右に刺し進みます。

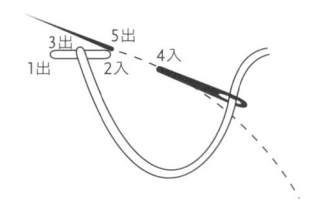

arrange　太い線の表現

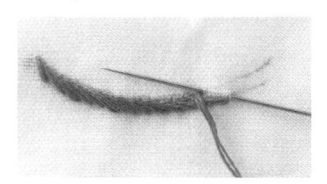

同じ穴に入れずに、ずらして重ねる。
茎などの表現に

Lazy Dasy Stitch [レゼーデージー・ステッチ]

糸を強く引きすぎないように注意して、丸みを帯びた形を作ります。

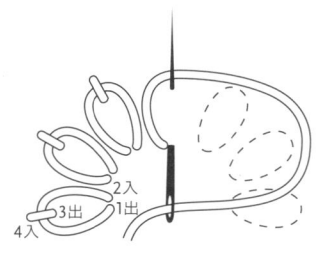

arrange　細長の表現

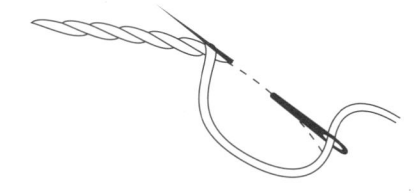

針を出す距離で
仕上りの印象が変わる

Chain Stitch [チェーン・ステッチ]

レゼーデージー・ステッチを続けて刺し、鎖のような形を作ります。

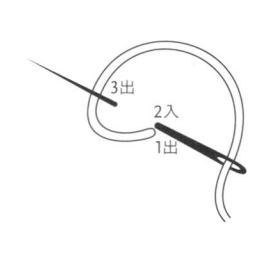
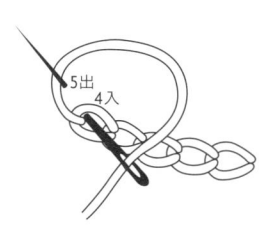

French Knot Stitch [フレンチノット・ステッチ]　大きさは糸の本数を変えて調節します。

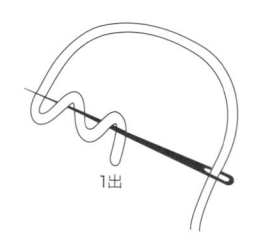
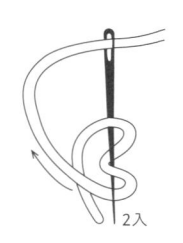

point　針と糸の持ち方

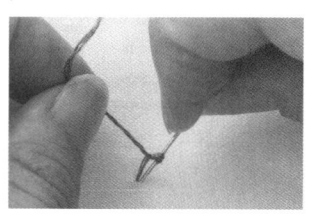

糸を巻きつけた針を垂直に入れ、
結び目を指で押さえて、針を真下に引く

Fly Stitch ［フライ・ステッチ］

オープンレゼーデージー・ステッチともいいます。

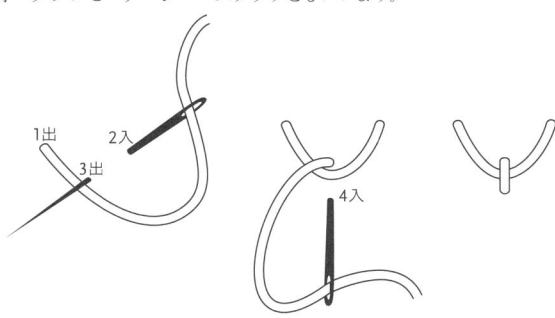

Button Hole Stitch ［ボタンホール・ステッチ］

ブランケット・ステッチともいいます。

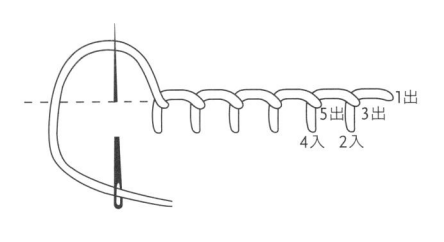

Leaf Stitch ［リーフ・ステッチ］ 葉を表現するときに。図案によって、針目の大きさや間を調整します。

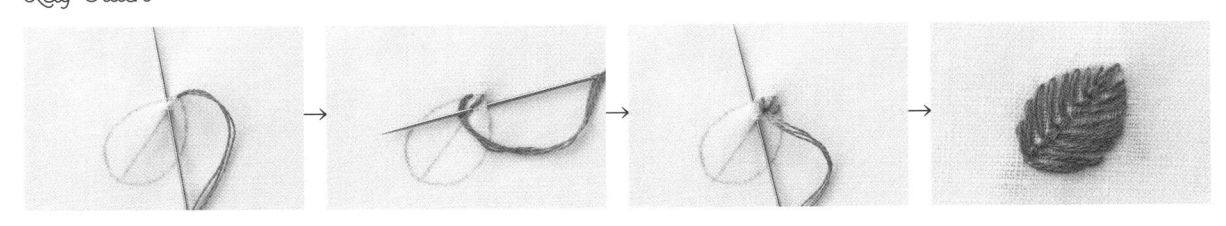

Satin Stitch ［サテン・ステッチ］ 間隔を詰めて糸を渡し、図案を埋めます。

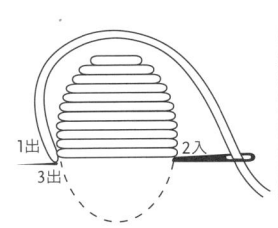

point 中央から刺す

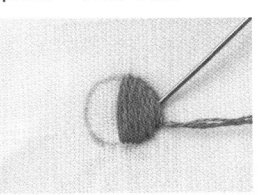

左右対称の図案の場合は、
中央から端に向かって刺す

point 放射状に刺す

隠し針（すきまを埋める短い針目）を
適宜入れ、図案を埋める

Long and Short Stitch ［ロングアンドショート・ステッチ］ 長短の針目で図案を埋めます。
2段め以降は、糸を割るつもりで前段の糸に重ねるように刺します。

［刺し始めと刺し終り］

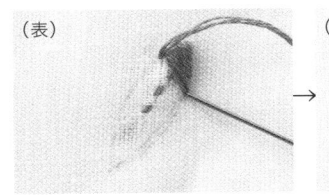

（表）

面の場合は、刺し始めは、
玉結びはせず、3～4針刺してから、
埋めていく

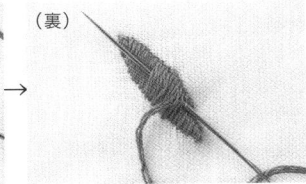

（裏）

刺し終りは、裏側のステッチの
中に通し、糸だけをすくって
返し縫いを2回ほどして糸を切る

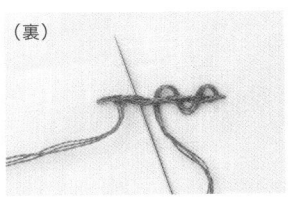

（裏）

線の場合も、刺し始めは玉結びをせず、
糸端を布地の裏側に約10cm残しておく。
刺し始め、刺し終りの糸ともに、裏側のステッチにくぐらせ、
糸を引いてなじませる

花のアルファベットサンプラー

※125%に拡大して使用
※色番号はすべてDMC25番刺繍糸
※Sはステッチの略
※指定以外は2本どり
※指定以外はサテン・ステッチ
※フレンチノット・ステッチはすべて2回巻き

〈DMC25番刺繍糸〉
01、07、523、754、819、934、3041、3047、3348、3743、3753

〈材料〉
表布（CHECK&STRIPEオリジナルカラーリネン アンティークホワイト）

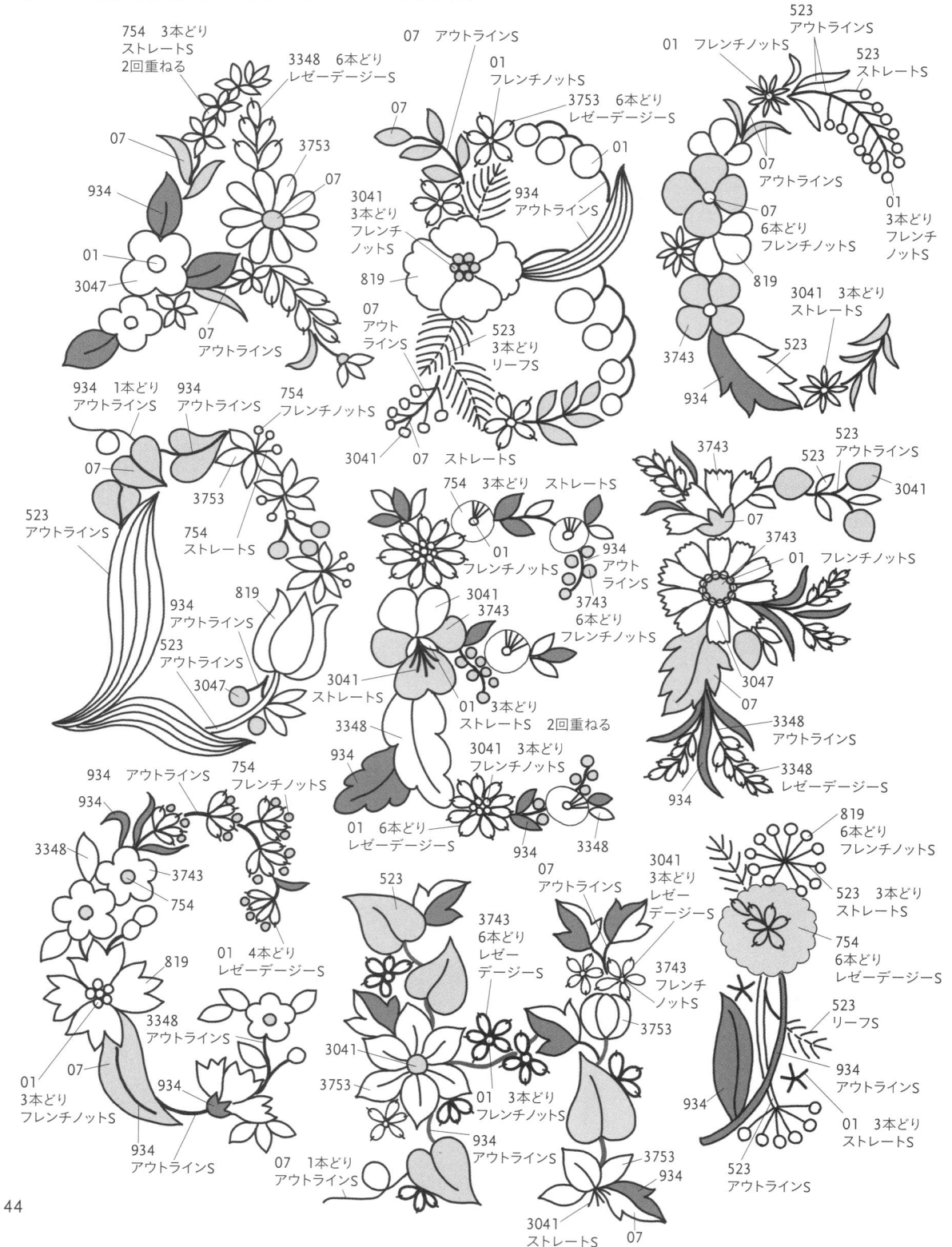

01 フレンチノットS

07

3041 4本どり
フレンチノットS

3743

3047

3041

3041 ストレートS

523 レゼーデージーS

523 アウトラインS

934

07

934 アウトラインS

01

934

3041

754 3本どり
フレンチノットS

523 アウトラインS 523

754

01 6本どり
ストレートS

3041

3047

819 3回重ねる

3047 3本どり
フレンチノットS

01 ストレートS

ストレートS

01 ストレートS

3041 フレンチノットS

934

934 アウトラインS

754 3本どり
フレンチノットS

3348

3041

01 3本どり
フレンチノットS

3348 4本どり
リーフS

523

523 アウトラインS

934 アウトラインS

3753

3348

754 レゼーデージーS

3041

3047 3本どり
フレンチノットS

523

3743

3348

3348 アウトラインS

523

3753

934 リーフS

523

07 アウトラインS

523 アウトラインS

934 アウトラインS

819

01 3本どり

3041

3743

01 3本どり
フレンチノットS

07

934

07

819

01

3348 アウトラインS

523 3本どり
アウトラインS

523 3本どり

01 3本どり
フレンチノットS

3041

523 アウトラインS

3348 ストレートS

934 アウトラインS

3348

3348 アウトラインS

3348

934

3348

934 1本どり
アウトラインS

754

3743

934 アウトラインS

07

07 アウトラインS

3743 フレンチノットS

3753 ストレートS 3回重ねる

3041 フレンチノットS

アウトラインS

934 523

934

01

3041

3743 ストレートS

523

3743

01 6本どり
フレンチノットS

3348 アウトラインS

3348 ストレートS

07 アウトラインS 07

523

819

3753

3047

07

07

3041 3本どり
フレンチノットS

934

934 アウトラインS

※125%に拡大して使用
※色番号はすべてDMC25番刺繍糸
※Sはステッチの略
※指定以外は2本どり
※指定以外はサテン・ステッチ
※フレンチノット・ステッチはすべて2回巻き

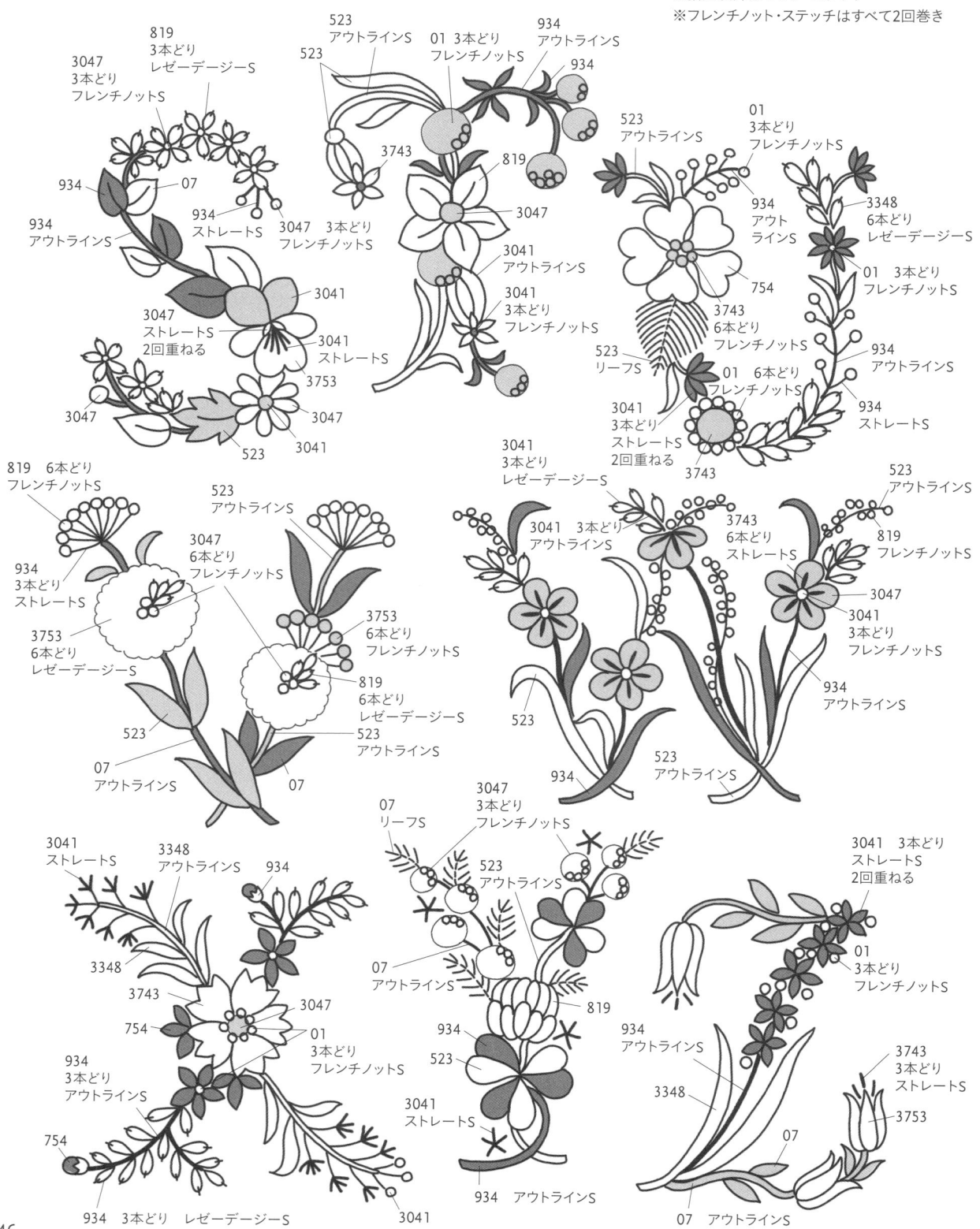

がま口クラッチバッグ

〈DMCコットンパール 5番刺繍糸〉
524、712、762、3743
〈材料〉
表布（CHECK&STRIPEオリジナルハーフリネンシャンタン グレージュ）
　90×40cm
内布（CHECK&STRIPEよそいきのハーフリネン ゴールドブラウン）
　100×30cm
接着芯　90×40cm
くし形アクリルがま口口金
　（角田商店・F511・BD5608・21cm・マーブルアイボリー）　1個
〈その他〉速乾性接着剤（水性タイプ）
〈図案・パターン〉p.48
〈仕上りサイズ〉縦約26.5cm　横最大約32cm
〈刺繍と裁断〉
・表袋前と後ろを粗裁ちしてそれぞれ裏面に接着芯をはる。
・表袋前に刺繍図案と仕上り線を写して刺繍をする。
・表袋、内袋、ポケットの裏面に仕上り線と縫い代線を写し、裁断する。
〈仕立て〉
1.　表袋前と後ろを中表に合わせて縫止りの下を縫う。
　　縫い代のカーブ部分に切込みを入れて割る。
　　内袋は後ろにポケットをつけ、表袋と同様に作る。
2.　表袋と内袋を中表に合わせ、返し口を残して袋口を縫う。
　　縫い代を切りそろえ、カーブに切込みを入れる。
3.　表に返し、返し口の縫い代を折り込んで縫う。
4.　口金をはめてねじ止め位置に印をつけ、穴をあける。
5.　口金の溝に接着剤を入れてはめ、ねじ止めする。

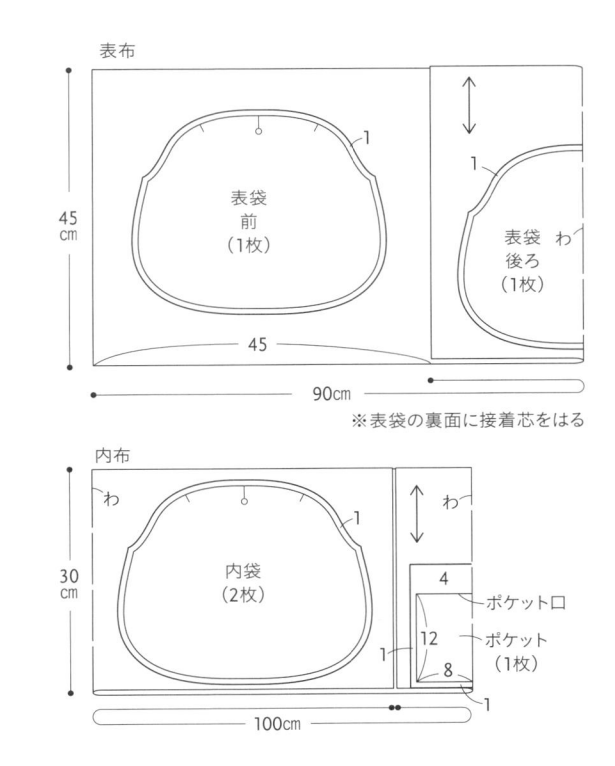

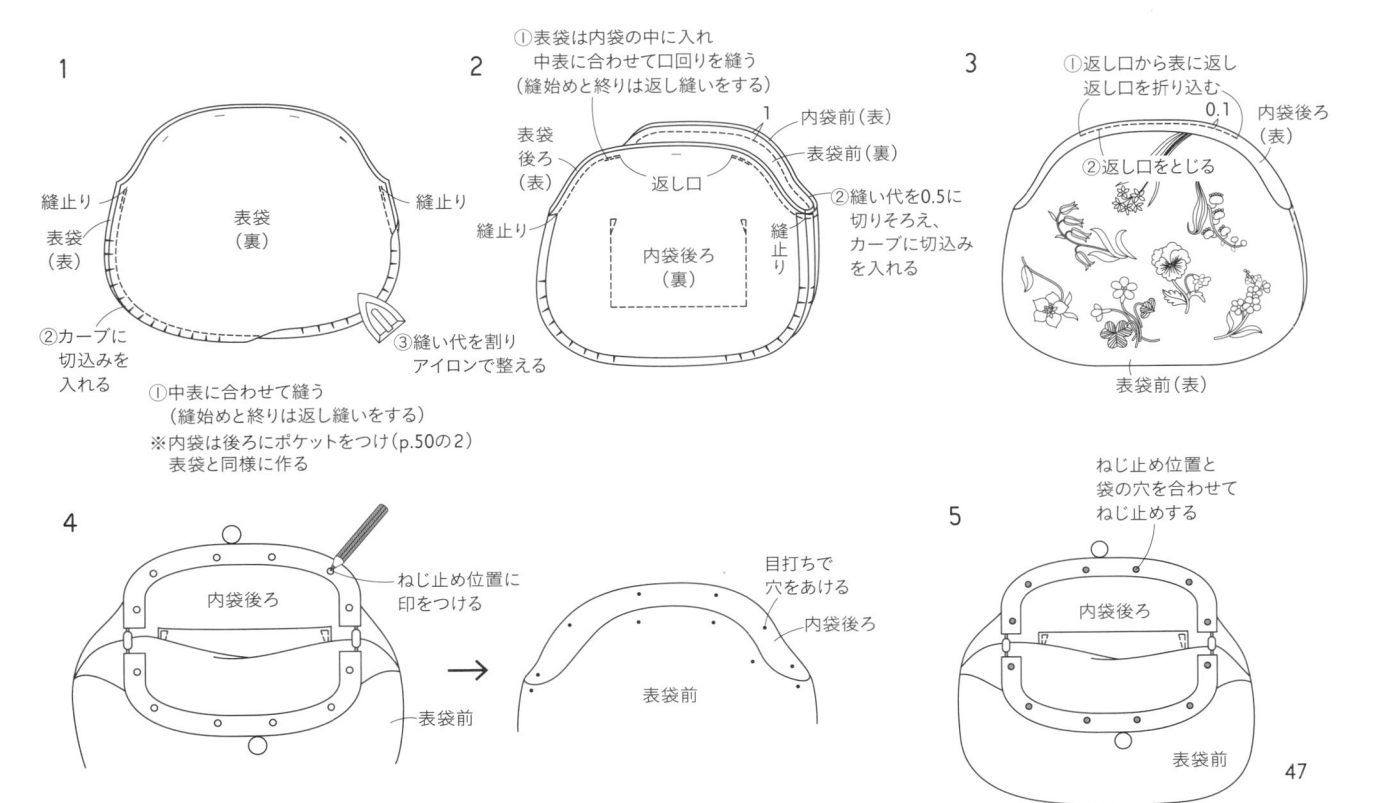

※125%に拡大して使用
※色番号はすべてDMCコットンパール5番刺繍糸
※Sはステッチの略
※すべて1本どり
※指定以外はサテン・ステッチ
※フレンチノット・ステッチはすべて2回巻き

中心

返し口

524

524
アウトラインS

ポケットつけ位置
（内袋）

712
フレンチノットS

762

524
バックS

縫止り

524
アウトラインS

524
アウトラインS

3743

524
アウトラインSで
刺し埋める

712

762
フレンチノットS

524

524
アウトラインS

524

3743
フレンチノットS

524

712

524
ストレートS

762

524
リーフS

524　アウトラインS

S

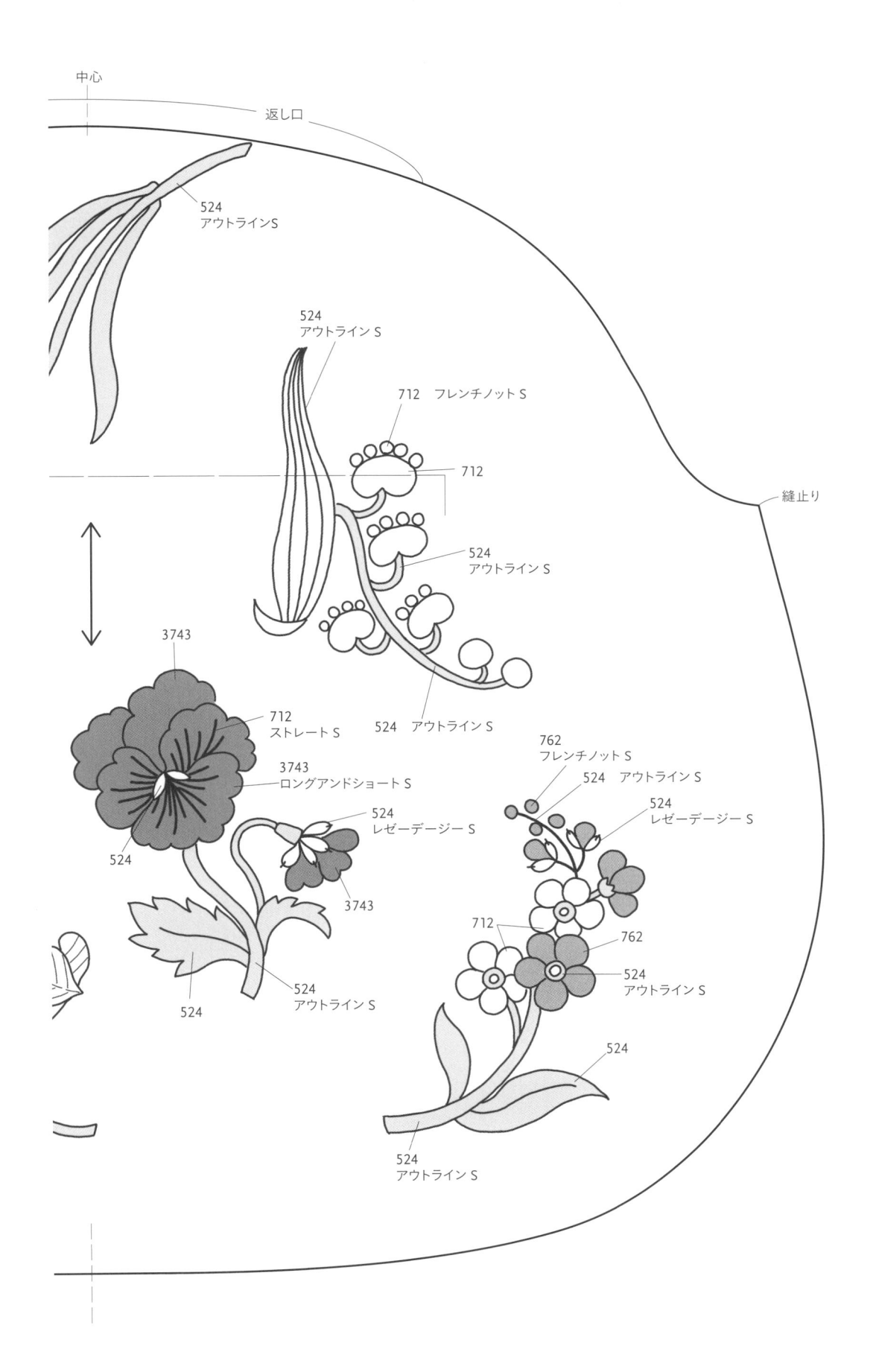

中心

返し口

524
アウトラインS

524
アウトライン S

712　フレンチノット S

712

524
アウトライン S

3743

712
ストレート S

3743
ロングアンドショート S

524
レゼーデージー S

524

3743

524
アウトライン S

524

524　アウトライン S

縫止り

762
フレンチノット S

524　アウトライン S

524
レゼーデージー S

712

762

524
アウトライン S

524

524
アウトライン S

花かごみたいなポシェット

〈DMC25番刺繍糸〉
09、28、29、168、453、472、712、758、935、950、3834、3865
〈DMCコットンパール 5番刺繍糸〉
3045
〈材料〉
表布（CHECK&STRIPEオリジナルボーイフレンドチノクロス ベージュ）　50×50cm
内布（CHECK&STRIPEオリジナル海のブロード キャラメルブラウン）　55×50cm
接着芯　40×50cm
長さ30cmのファスナー（ベージュ）　1本
Dカン（角田商店・M29・2mm×10mm・AT）　2個
長さ120cmナスカンつきチェーン
　（角田商店・K110・616・両ナスカンつきロープチェーン・AT）　1本
〈図案・パターン〉p.52
〈仕上りサイズ〉縦（中央）18.5cm　（脇）13.5cm　横24cm　まち幅4cm
〈刺繍と裁断〉
・表袋を粗裁ちして裏面に接着芯をはり、刺繍図案と仕上り線を写す。
・表袋前に刺繍をする（コットンパールは両脇の縫い代まで刺す）。
・裏面に仕上り線と縫い代線を写して裁断する。
・内袋とポケットの裏面に仕上り線と縫い代線を写し、裁断する。
・タブを裁断する。
〈仕立て〉
1．タブを2個作る。
2．ポケットを作る。ポケット口の縫い代を三つ折りにして縫い、
　　両脇と底の縫い代を折って内袋後ろに縫いつける。
3．ファスナーを表袋前に、タブを後ろに仮どめする。
4．3と内袋を中表に合わせて前の袋口を縫う。
5．4を表に返す。
6．表袋前と後ろを中表に合わせ、後ろの袋口をファスナーの
　　もう一方と合わせて仮どめする。
7．内袋前と後ろを中表に合わせ、表袋と内袋の後ろの袋口を縫う。
8．袋口を中心にし、一方に返し口を残して両脇を縫う。
9．表袋と裏袋の底の角をそれぞれ三角に折り、まちを縫って縫い代をカットする。
10．表に返して返し口をとじ、タブにチェーンをつける。

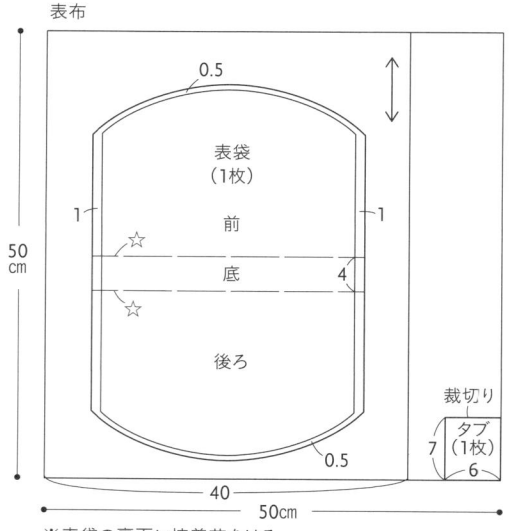

※表袋の裏面に接着芯をはる

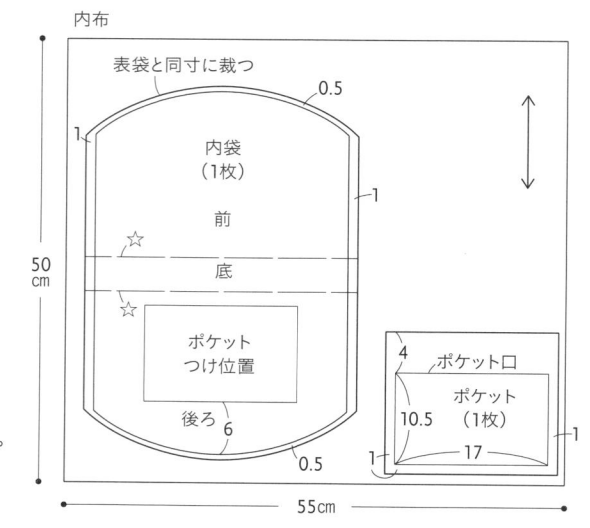

1
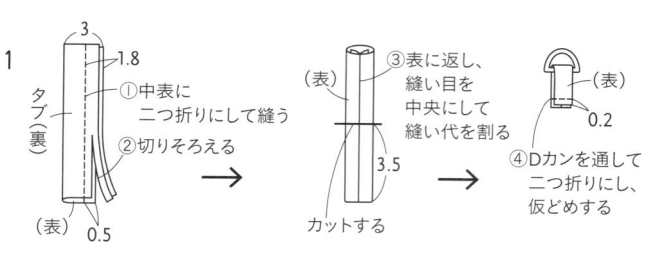

2
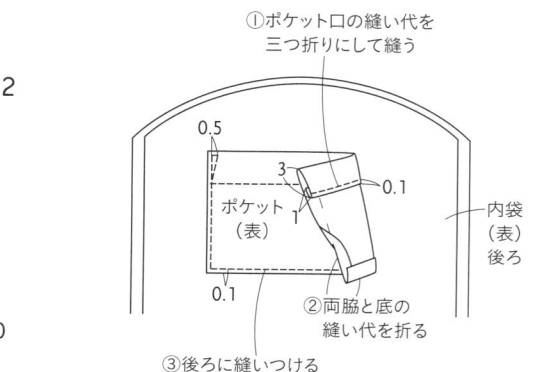

3

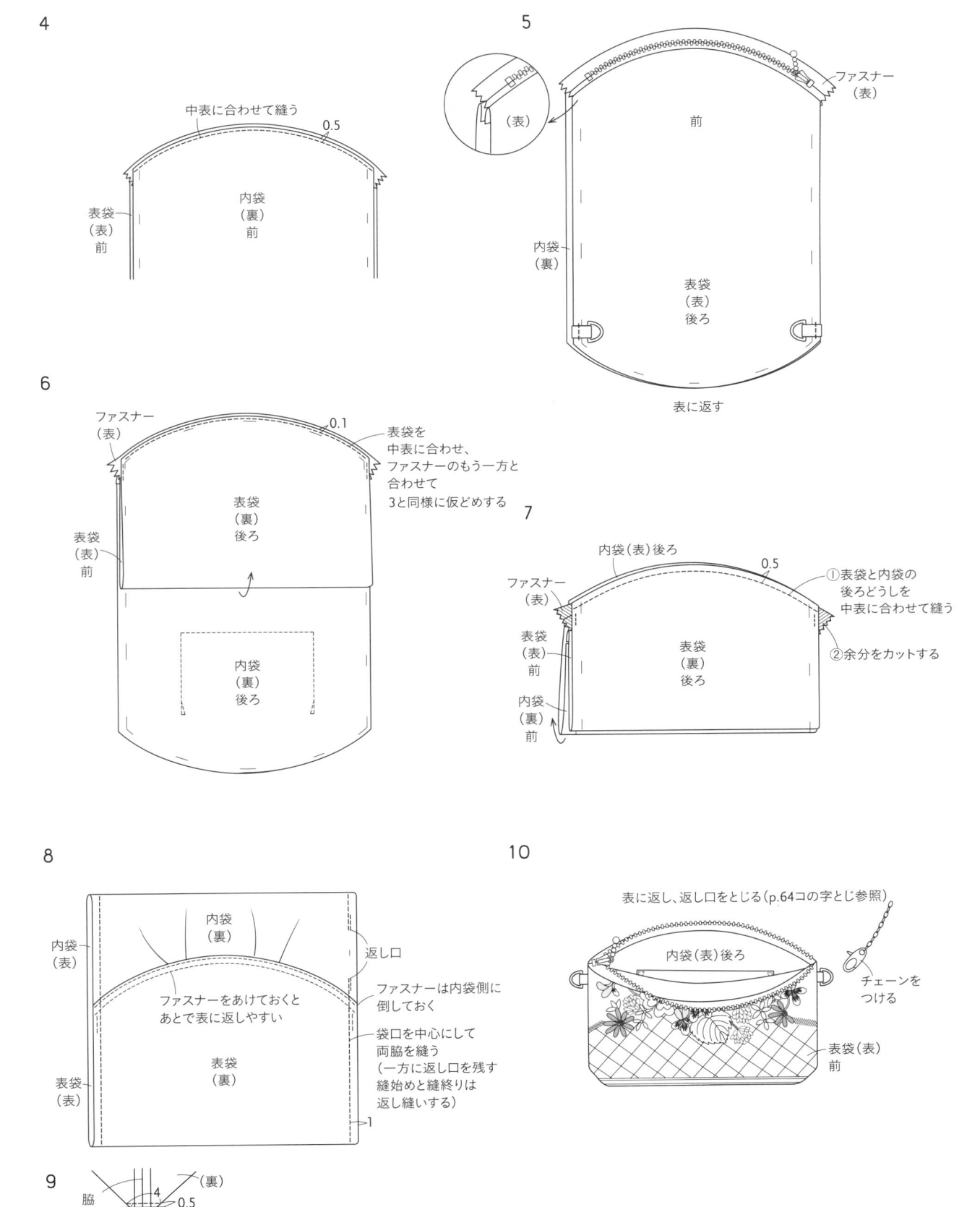

4

中表に合わせて縫う

0.5

表袋
（表）
前

内袋
（裏）
前

5

（表）

ファスナー
（表）

前

内袋
（裏）

表袋
（表）
後ろ

表に返す

6

ファスナー
（表）

0.1

表袋を
中表に合わせ、
ファスナーのもう一方と
合わせて
3と同様に仮どめする

表袋
（裏）
後ろ

表袋
（表）
前

内袋
（裏）
後ろ

7

内袋（表）後ろ

0.5

ファスナー
（表）

①表袋と内袋の
後ろどうしを
中表に合わせて縫う

表袋
（表）
前

表袋
（裏）
後ろ

②余分をカットする

内袋
（裏）
前

8

内袋
（表）

内袋
（裏）

返し口

内袋
（表）

ファスナーをあけておくと
あとで表に返しやすい

表袋
（裏）

ファスナーは内袋側に
倒しておく

袋口を中心にして
両脇を縫う
（一方に返し口を残す
縫始めと縫終りは
返し縫いする）

表袋
（表）

1

9

（裏）

脇

4

0.5

まちを縫う　カットする

10

表に返し、返し口をとじる（p.64コの字とじ参照）

内袋（表）後ろ

チェーンを
つける

表袋（表）
前

Photo **P.9** 5番刺繍糸による草花のサンプラー

〈DMCコットンパール 5番刺繍糸〉
524、712、762、3743
〈材料〉
表布（CHECK&STRIPEオリジナルやさしいリネン スモークブルーグレー）

※125%に拡大して使用
※色番号はすべてDMCコットンパール5番刺繍糸
※Sはステッチの略
※すべて1本どり
※指定以外はサテン・ステッチ
※フレンチノット・ステッチはすべて2回巻き

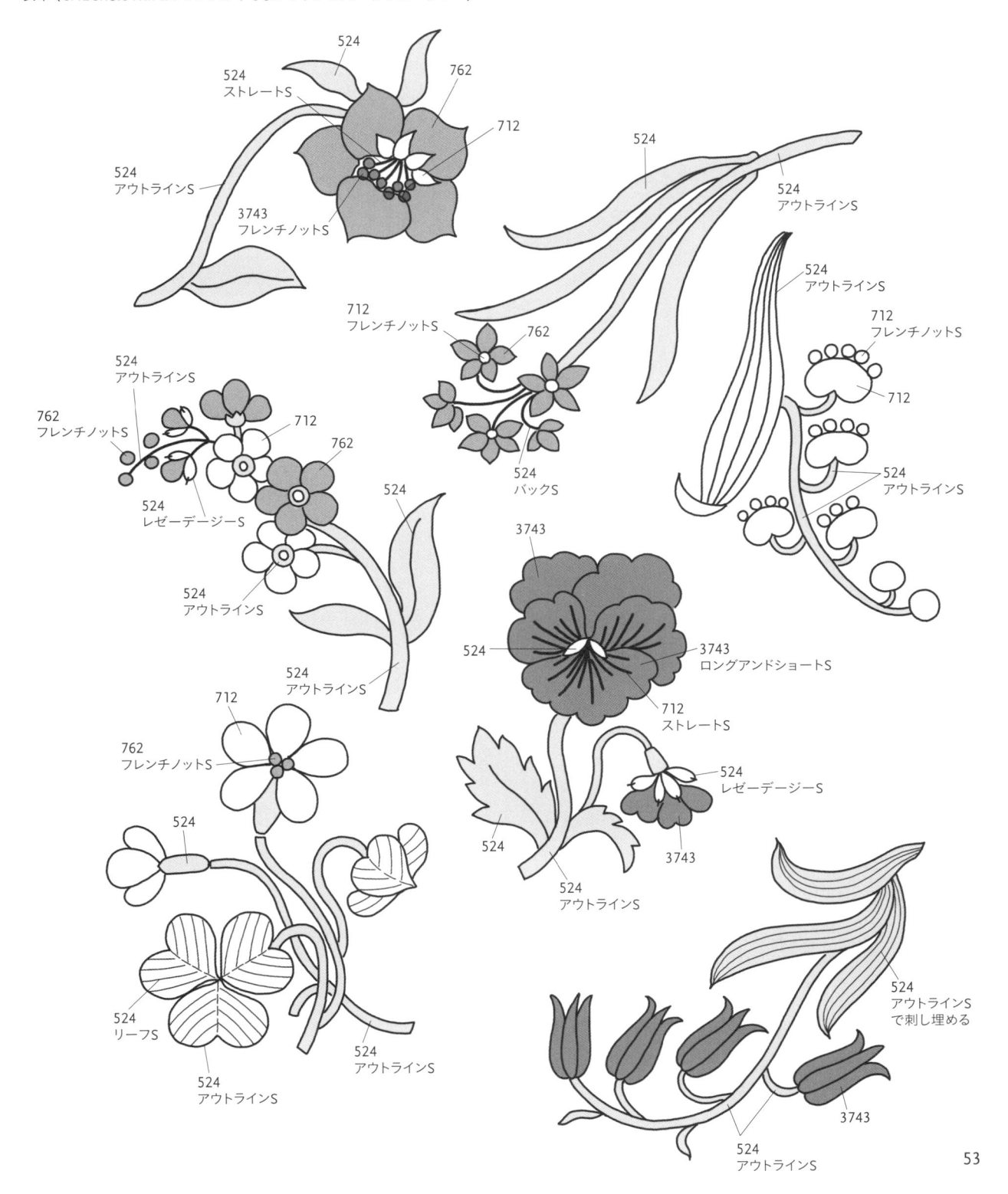

53

＊〔　〕内は小、指定以外は共通

〈DMC25番刺繍糸〉
01、03（大のみ）、22、838、3047

〈DMCコットンパール 5番刺繍糸〉
712

〈材料〉
表布（CHECK＆STRIPEオリジナルカラーリネン アンティークホワイト）
　40〔30〕×90〔70〕cm
太さ0.3cmのコード（オフホワイト）
　2.2〔1.6〕m

〈その他〉ほつれ止め液（水洗いできるもの）

〈図案・パターン〉p.55、56

〈仕上りサイズ〉縦38〔29〕cm　横28〔21〕cm

〈刺繍と裁断〉
・表袋を粗裁ちして仕上り線を引き、刺繍図案を写す。
・刺繍をし、裏面に仕上り線と縫い代線を引いて裁断する。

〈仕立て〉
1．袋口の縫い代を折り、両脇の縫い代に縁かがりミシンをかける。
2．中表に二つ折りにして縫止りから下の両脇を縫う。
3．両脇の縫い代を割り、あき口にステッチをかける。
4．袋口の縫い代を折って縫う。
5．コードを袋口に通し、タッセルを作る。

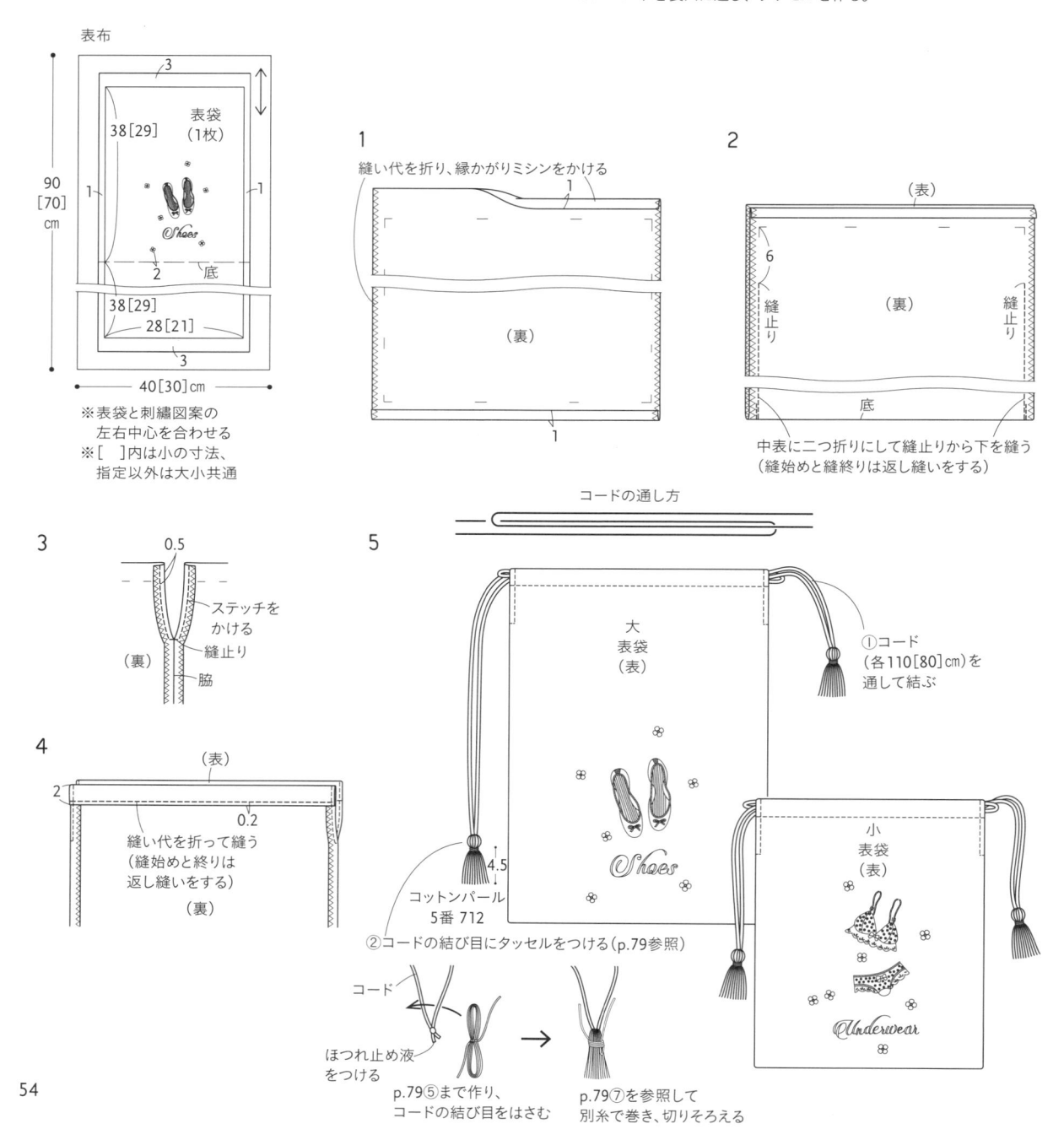

表布

3

表袋
（1枚）

38[29]

1　　　1

Shoes

2　　底

38[29]

28[21]

3

40[30]cm

90
[70]
cm

※表袋と刺繍図案の
　左右中心を合わせる
※[　]内は小の寸法、
　指定以外は大小共通

1

縫い代を折り、縁かがりミシンをかける

1

（裏）

1

2

（表）

6

縫
止
り

（裏）

縫
止
り

底

中表に二つ折りにして縫止りから下を縫う
（縫始めと縫終りは返し縫いをする）

3

0.5

ステッチを
かける

縫止り

脇

（裏）

4

（表）

2

0.2

縫い代を折って縫う
（縫始めと終りは
　返し縫いをする）

（裏）

5

コードの通し方

大
表袋
（表）

①コード
（各110[80]cm）を
通して結ぶ

4.5

コットンパール
5番 712

②コードの結び目にタッセルをつける（p.79参照）

小
表袋
（表）

Shoes

Underwear

コード

ほつれ止め液
をつける

p.79⑤まで作り、
コードの結び目をはさむ

p.79⑦を参照して
別糸で巻き、切りそろえる

54

※100%で使用
※色番号はすべてDMC25番刺繍糸
※Sはステッチの略
※指定以外は2本どり
※指定以外はサテン・ステッチ

大
中心

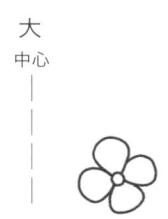

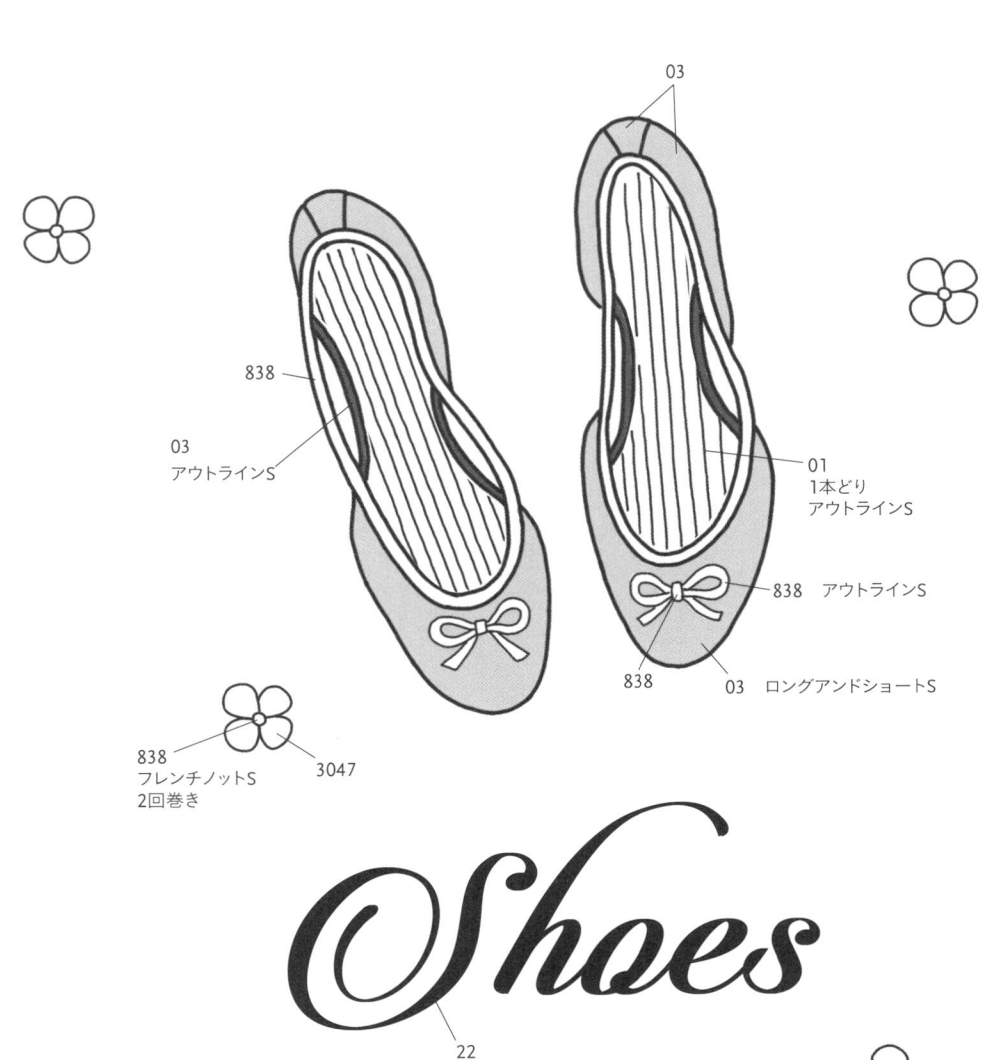

03

838

03
アウトラインS

01
1本どり
アウトラインS

838　アウトラインS

838

03　ロングアンドショートS

838
フレンチノットS
2回巻き

3047

Shoes

22
1本どり
アウトラインS

小
中心

838

838
アウトラインS

01
ストレートS

3047

838
フレンチノットS
2回巻き

838
ストレートS
2回重ねる

22

01
3本どり
フレンチノットS
2回巻き

838

22

838
アウトラインS

838
ストレートS
2回重ねる

01

22
1本どり
アウトラインS

Underwear

※125%に拡大して使用
※色番号はすべてDMC25番刺繍糸
※Sはステッチの略
※指定以外は2本どり
※指定以外はサテン・ステッチ

〈DMC25番刺繍糸〉
28、734、823、3747、3836、3865、ECRU
〈材料〉　表布（CHECK＆STRIPEオリジナルカラーリネン すみれグレー）

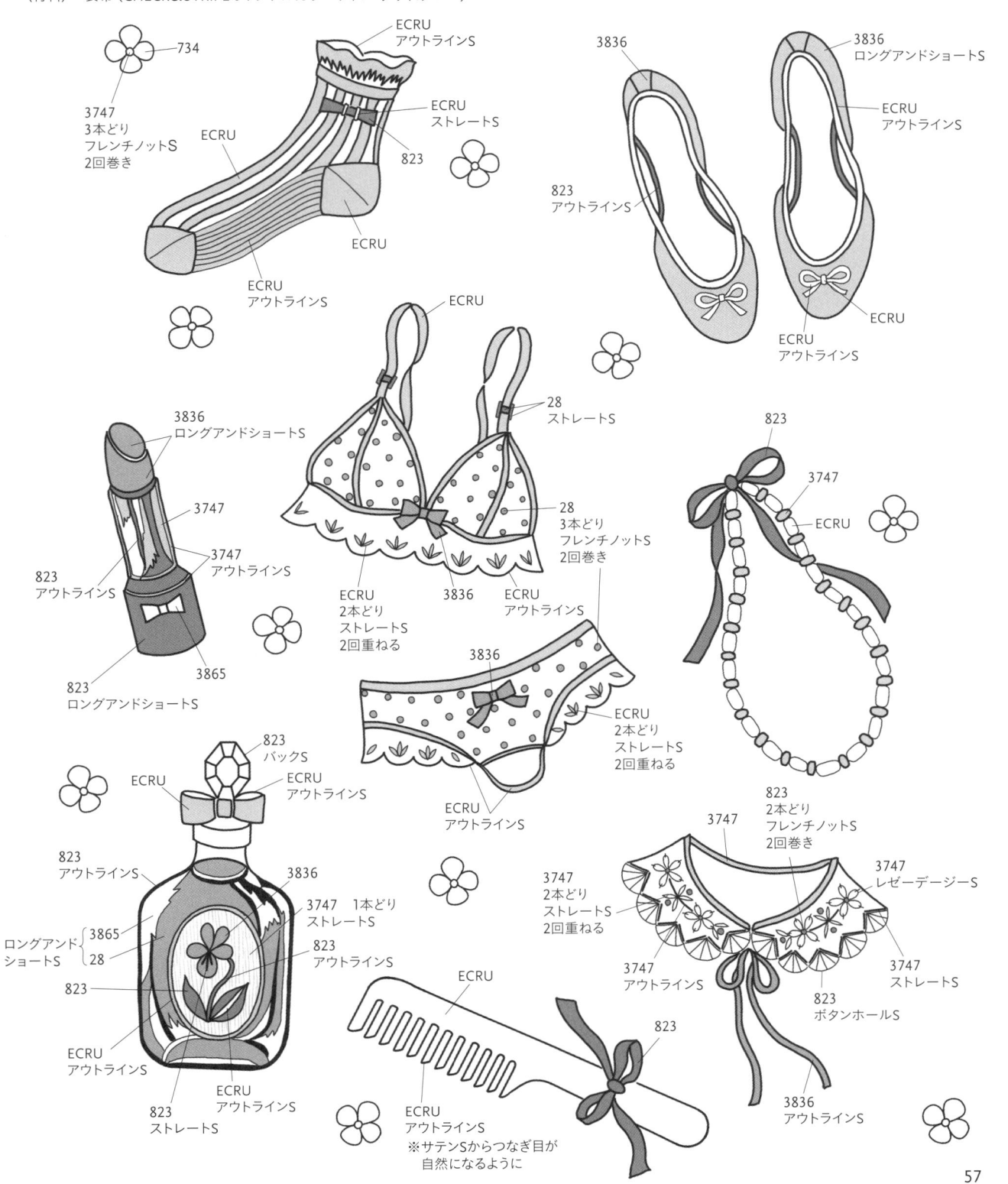

734

3747
3本どり
フレンチノットS
2回巻き

ECRU

ECRU
アウトラインS

ECRU
ストレートS

823

ECRU

ECRU
アウトラインS

3836

3836
ロングアンドショートS

ECRU
アウトラインS

823
アウトラインS

ECRU

ECRU
アウトラインS

ECRU

28
ストレートS

28
3本どり
フレンチノットS
2回巻き

823

3747

ECRU

3836
ロングアンドショートS

3747

3747
アウトラインS

823
アウトラインS

3865

823
ロングアンドショートS

ECRU
2本どり
ストレートS
2回重ねる

3836

ECRU
アウトラインS

3836

ECRU
2本どり
ストレートS
2回重ねる

823
2本どり
フレンチノットS
2回巻き

ECRU
アウトラインS

3747

3747
2本どり
ストレートS
2回重ねる

3747
レゼーデージーS

823
バックS

ECRU

ECRU
アウトラインS

823
アウトラインS

3836

3747 1本どり
ストレートS

823
アウトラインS

ロングアンド
ショートS
3865
28

823

ECRU
アウトラインS

823
ストレートS

ECRU
アウトラインS

ECRU

823

ECRU
アウトラインS
※サテンSからつなぎ目が
　自然になるように

3747
アウトラインS

823
ボタンホールS

3747
ストレートS

3836
アウトラインS

〈DMC25番刺繡糸〉
01、23、318、3013、3042、3743、3813、3866
〈材料〉
表布（CHECK&STRIPEオリジナル幅広リネン ホワイト）　50×50cm
接着芯　50×50cm
キルト芯　適宜
太さ0.4cmのコード（白）　105cm
幅1.8cmのリボン（生成り）　1m
ワイヤーハンガー
〈その他〉ほつれ止め液
〈仕上りサイズ〉幅約8cm　横約40cm

〈刺繡と裁断〉
・表布前と後ろを粗裁ちしてそれぞれ裏面に接着芯をはる。
・表布前に刺繡図案と仕上り線を写して刺繡をする。
・表布前と後ろの裏面に仕上り線と縫い代線を写し、裁断する。

〈仕立て〉
1.　表布前と後ろを中表に合わせて縫う。カーブの縫い代を切りそろえ、
　　切込みを入れて縫い代を割る。
2.　ワイヤーハンガーを表布前後の形に合わせて曲げ、キルト芯を巻く。
3.　返し口の縫い目をほどいてハンガーを入れ、通し口を残して返し口をとじる。
4.　縁にコードをまつりつける。
5.　リボンを蝶結びにする。

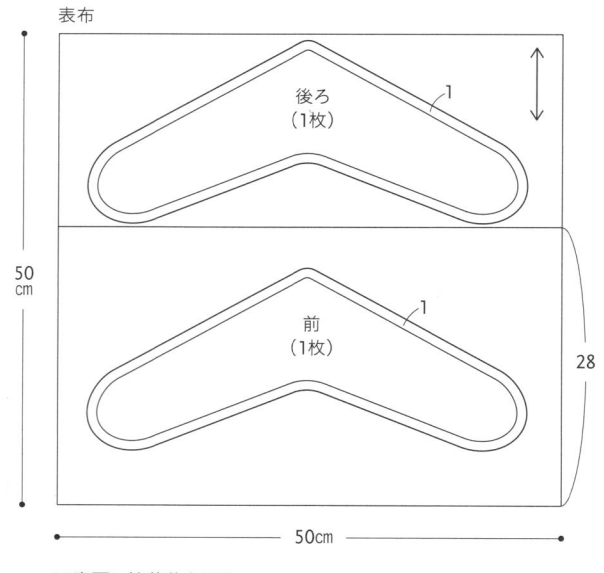

表布

後ろ
（1枚）　1

前
（1枚）　1

50cm

28

50cm

※裏面に接着芯をはる

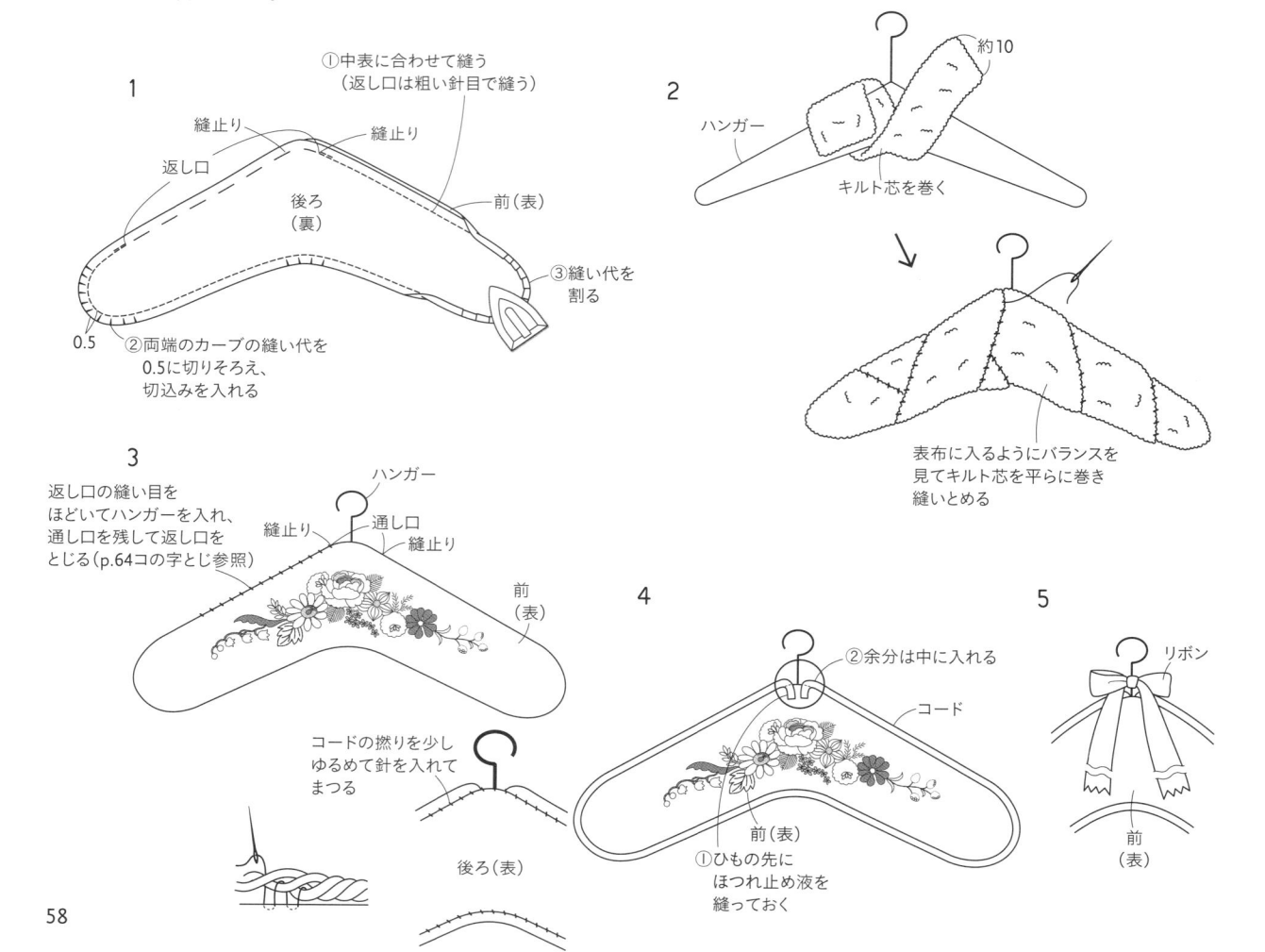

1
①中表に合わせて縫う
（返し口は粗い針目で縫う）
縫止り　縫止り
返し口
後ろ（裏）
前（表）
③縫い代を割る
0.5
②両端のカーブの縫い代を
0.5に切りそろえ、
切込みを入れる

2
ハンガー
約10
キルト芯を巻く

表布に入るようにバランスを
見てキルト芯を平らに巻き
縫いとめる

3
返し口の縫い目を
ほどいてハンガーを入れ、
通し口を残して返し口を
とじる（p.64コの字とじ参照）
ハンガー
縫止り
通し口
縫止り
前（表）

コードの撚りを少し
ゆるめて針を入れて
まつる

後ろ（表）

4
②余分は中に入れる
コード
前（表）
①ひもの先に
ほつれ止め液を
縫っておく

5
リボン
前（表）

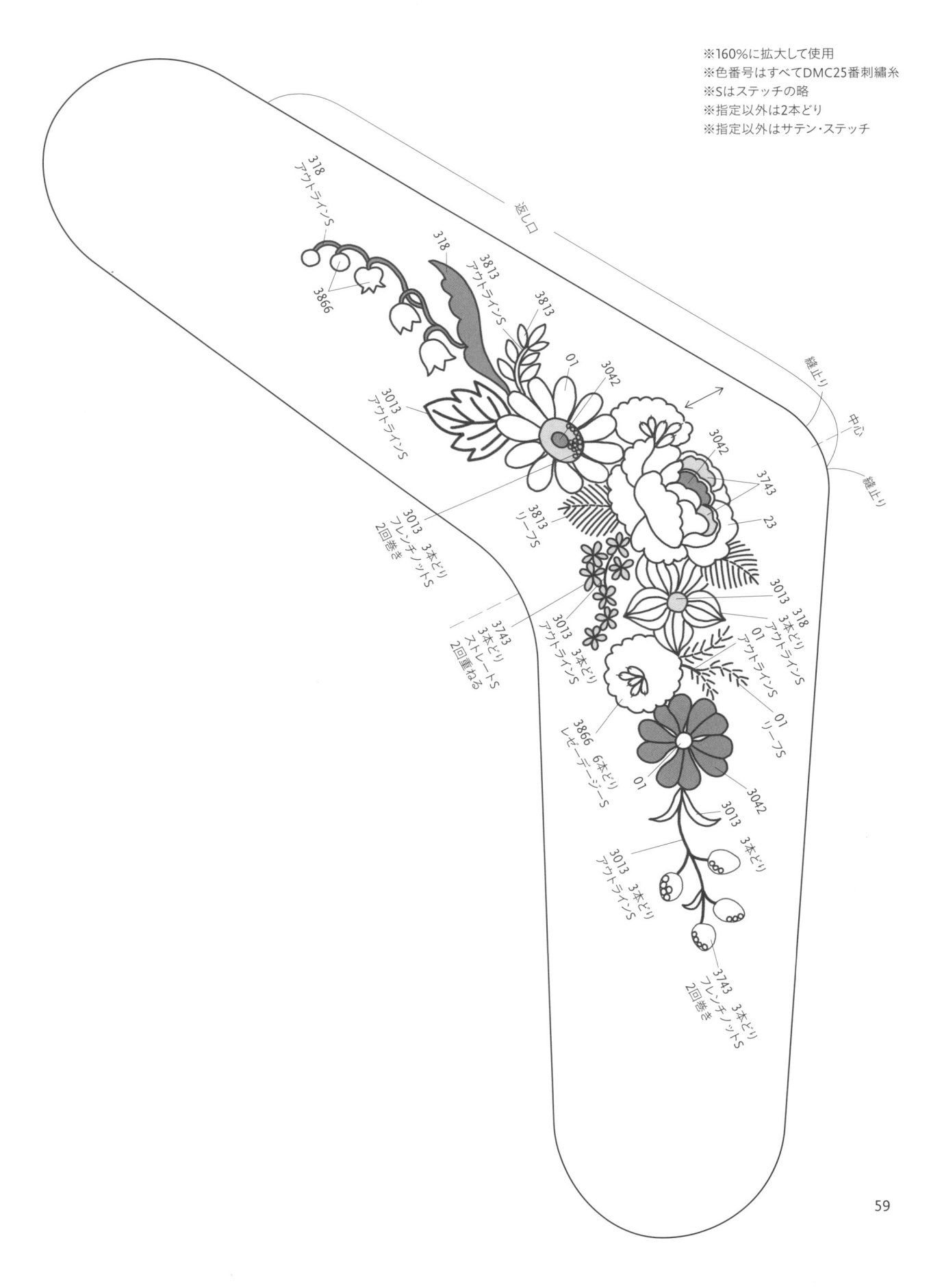

※160%に拡大して使用
※色番号はすべてDMC25番刺繍糸
※Sはステッチの略
※指定以外は2本どり
※指定以外はサテン・ステッチ

〈DMC25番刺繍糸〉
928、BLANC

〈材料〉
表布（CHECK&STRIPEオリジナルやさしいリネン ペパーミント）　65×30㎝
接着芯　65×30㎝
幅0.3㎝のダブルフェイスサテンリボン（白）　1m
太さ0.4㎝のコード（白）　90㎝
手芸用化繊わた

〈その他〉ほつれ止め液

〈仕上りサイズ〉縦16㎝　横23㎝

〈刺繍と裁断〉
・表布上面と底を粗裁ちしてそれぞれ裏面に接着芯をはる。
・表布上面に仕上り線を引き、刺繍図案を写して刺繍をする。
・上面と底の裏面に仕上り線と縫い代線を引き、裁断する。

〈仕立て〉
1. 上面と底を中表に合わせて返し口を残して縫い、
　　角の縫い代を切りそろえる。
2. 表に返してわたを詰め、返し口をとじる。
3. 縁にコードをまつりつけ、リボンを縫いとめる。

表布

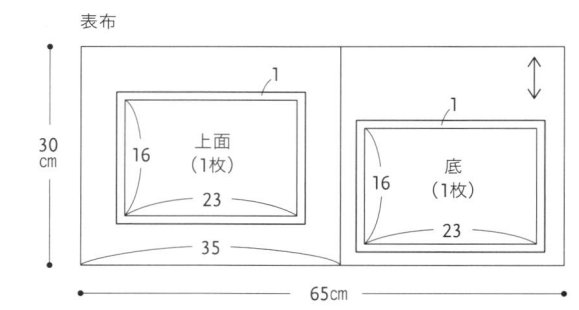

※裏面に接着芯をはる
※上面と刺繍図案の中心を合わせる

1
①中表に合わせて縫う
（縫始め、終りは返し縫いをする）

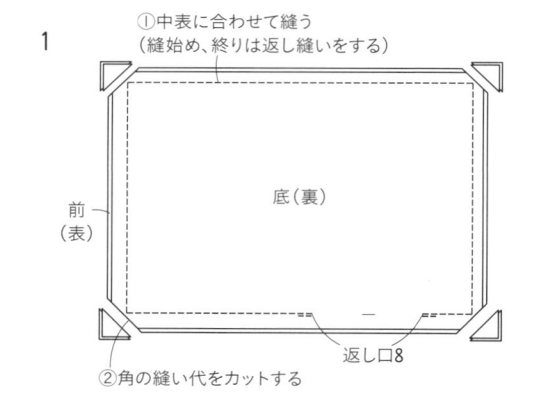

②角の縫い代をカットする
返し口8
前（表）
底（裏）

2

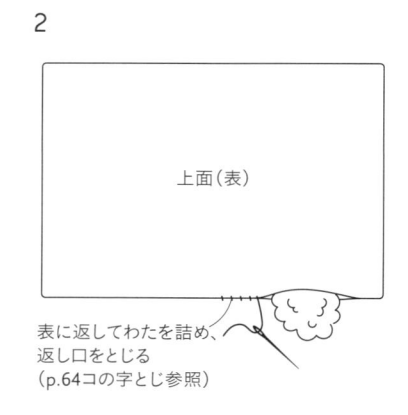

上面（表）

表に返してわたを詰め、
返し口をとじる
（p.64コの字とじ参照）

3

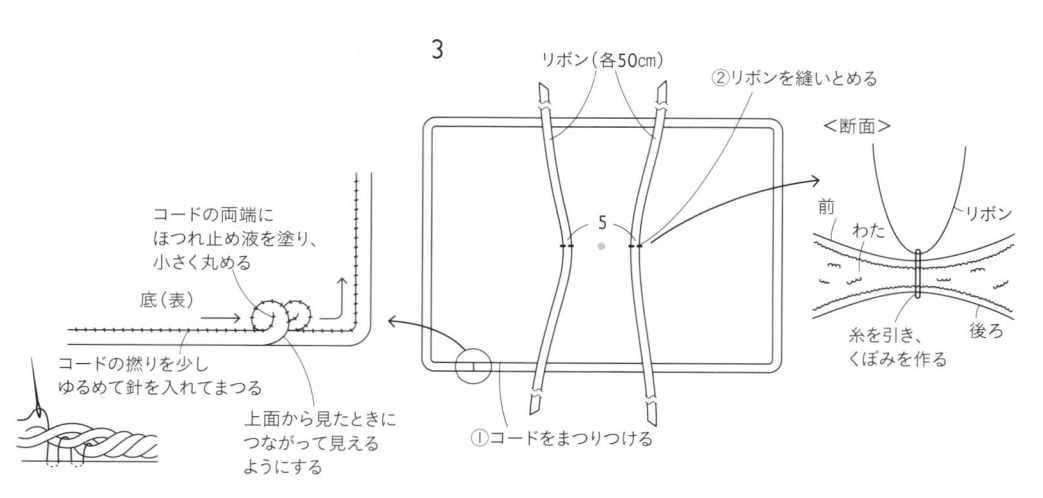

リボン（各50cm）
②リボンを縫いとめる
①コードをまつりつける
5

＜断面＞
前
わた
リボン
後ろ
糸を引き、
くぼみを作る

コードの両端に
ほつれ止め液を塗り、
小さく丸める
底（表）
コードの撚りを少し
ゆるめて針を入れてまつる
上面から見たときに
つながって見える
ようにする

〈DMC25番刺繍糸〉　02、23、169、451、524、3371、BLANC
〈材料〉　表布（CHECK&STRIPEオリジナルやさしいリネン　グレイッシュピンク）

※ 125% に拡大して使用
※色番号はすべてDMC25番刺繍糸
※ S はステッチの略
※指定以外は 2 本どり
※指定以外はサテン・ステッチ

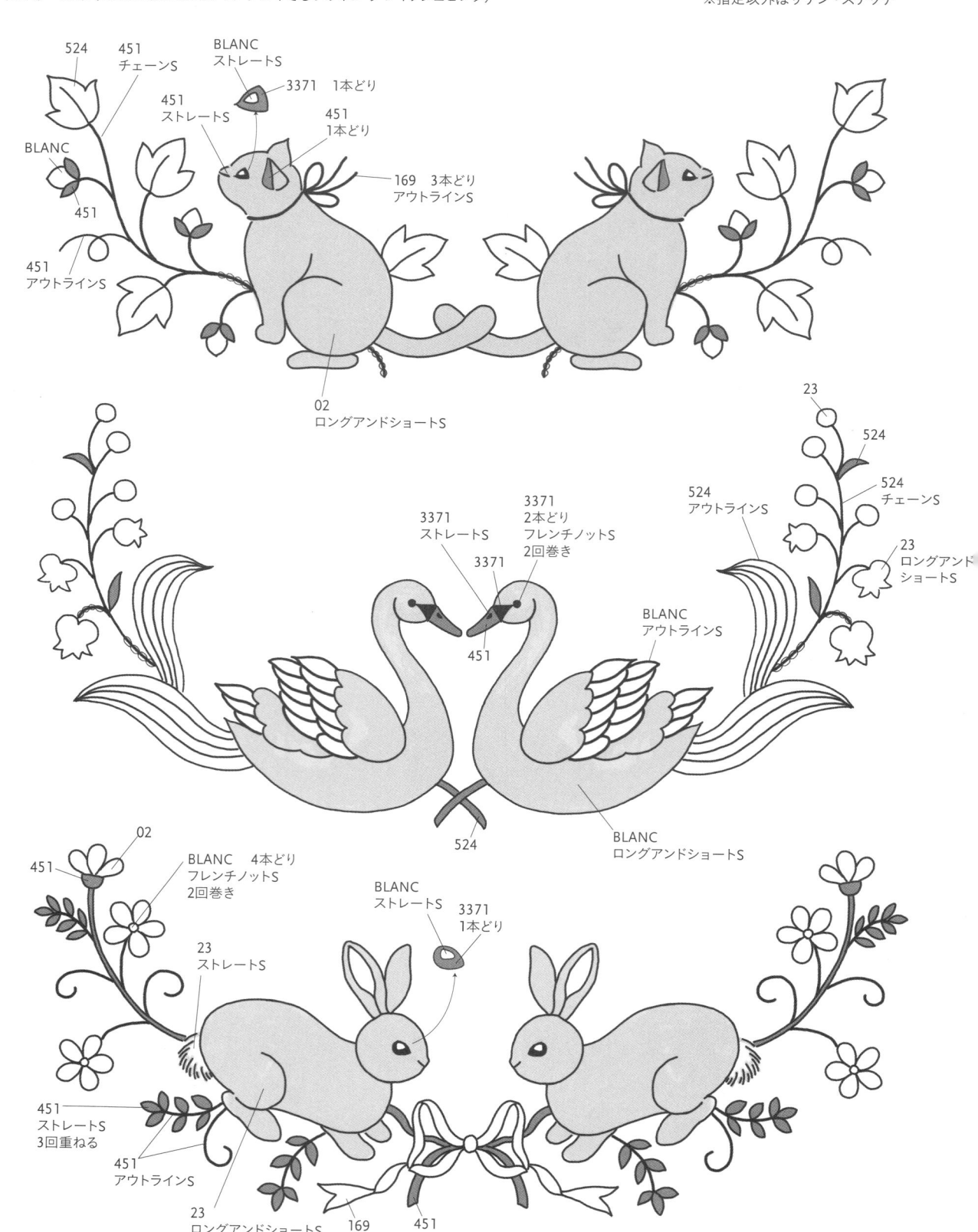

524
451
チェーンS
BLANC
ストレートS
3371　1本どり
451
ストレートS
451
1本どり
BLANC
169　3本どり
アウトラインS
451
451
アウトラインS
02
ロングアンドショートS

3371
ストレートS
3371
2本どり
フレンチノットS
2回巻き
3371
451
BLANC
アウトラインS
524
アウトラインS
23
524
524
チェーンS
23
ロングアンド
ショートS
524
BLANC
ロングアンドショートS

02
451
BLANC　4本どり
フレンチノットS
2回巻き
23
ストレートS
BLANC
ストレートS
3371
1本どり
451
ストレートS
3回重ねる
451
アウトラインS
23
ロングアンドショートS
169
451

Photo P.19　森の動物たちのサンプラー

※125%に拡大して使用
※色番号はすべてDMC25番刺繍糸
※Sはステッチの略

※指定以外は2本どり
※指定以外はサテン・ステッチ

〈DMC25番刺繍糸〉　01、04、369、437、632、746、834、951、3021、BLANC
〈材料〉　表布（CHECK&STRIPEオリジナルカラーリネン　きいろ）

834　6本どり
フレンチノットS
2回巻き

04
アウトラインS

01

04

3021
ストレートS

BLANC ストレートS
3021
1本どり
ストレートS
01
746 } ロングアンドショートS

3021
ストレートS

746　6本どり
フレンチノットS
2回巻き

BLANC
ストレートS

3021　アウトラインS
3021　1本どり

951
951
ロングアンドショートS

BLANC
ロングアンド
ショートS

3021

3021
アウトラインS

BLANC
ロング
アンド
ショートS

3021

3021　1本どり
アウトラインS

834
ロングアンド
ショートS

632　6本どり
フレンチノットS
2回巻き

369

746

369
ロングアンド
ショートS

3021
アウトラインS

834
6本どり
フレンチ
ノットS
2回巻き

632　951

04
アウトラインS

04

951

01

04

746　6本どり
フレンチノットS
2回巻き

834
フレンチ
ノットS
2回巻き

04

BLANC

369

369
アウトラインS

01
ロングアンドショートS

3021
アウト
ラインS

BLANC
ロング
アンド
ショートS

BLANC
ストレートS
3021
1本どり
834
フレンチノットS
2回巻き

632
3本どり
レゼー
デージーS

369
レゼー
デージーS

369
アウトラインS

BLANC

437　6本どり
フレンチノットS
2回巻き

632
ロングアンドショートS

951
ロング
アンド
ショートS

01

632
アウトラインS

632

632
アウトラインS

369
アウトラインS

01
ロングアンド
ショートS

746
6本どり
フレンチノットS
2回巻き

BLANC　1本どり
フレンチノットS
2回巻き

3021
アウトラインS

BLANC

3021

3021　1本どり
アウトラインS

3021
1本どり

BLANC
ロングアンド
ショートS

746　　BLANC
ロングアンドショートS

437　6本どり
フレンチノットS
2回巻き

63

Photo **P.20**　うさぎのスタイ

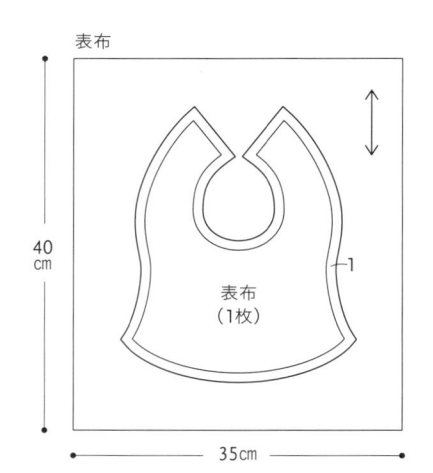

表布

40cm

表布
（1枚）

35cm

〈DMC25番刺繍糸〉
02、23、169、451、3371、BLANC

〈材料〉
表布（CHECK＆STRIPEオリジナルコットンのふんわり布 ホワイト）　35×40cm
裏布（CHECK＆STRIPEコットンワッフル きなり）　30×35cm
当て布（オーガニックコットンネル 生成り）　30×35cm
直径1.3cmのプラスチックスナップ（生成り）　2組み

〈その他〉ほつれ止め液（水洗いできるもの）

〈仕上りサイズ〉縦14cm　横23cm　首回り約28cm

〈刺繍と裁断〉
・表布を粗裁ちして刺繍図案と仕上り線を写し、刺繍をする。
・表布、裏布、当て布の裏面に仕上り線と縫い代線を写し、裁断する。

〈仕立て〉
1.　裏布と当て布を外表に合わせて仮どめする。
2.　表布と裏布を中表に合わせ、返し口を残して縫う。
　　縫い代をカットして切込みを入れる。
3.　表に返して返し口をとじ、スナップをつける。

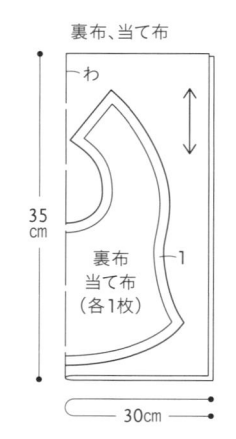

裏布、当て布

わ

35cm

裏布
当て布
（各1枚）

30cm

1

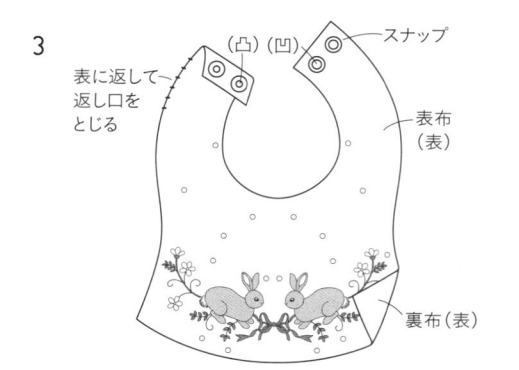

裏布
（裏）

当て布
（表）

裏布と当て布
を重ね、
粗い針目で
縫う

2

裏布
（表）

当て布
（裏）

返し口

①表布と裏布を
中表に合わせて縫う
（縫始めと終りは
返し縫いをする）

0.5

表布
（裏）

角の縫い代を
カットする

②縫い代を0.5に
切りそろえる

③切込みを入れる

3

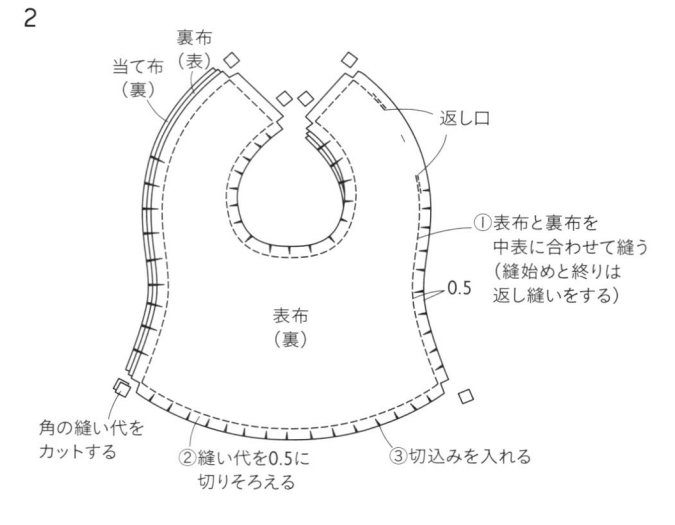

（凸）（凹）　スナップ

表に返して
返し口を
とじる

表布
（表）

裏布（表）

＜返し口のまつり方＞

コの字とじ

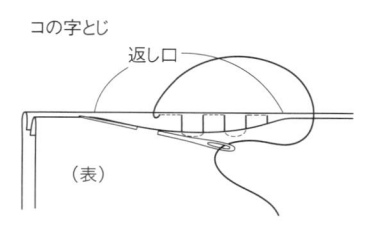

返し口

（表）

64

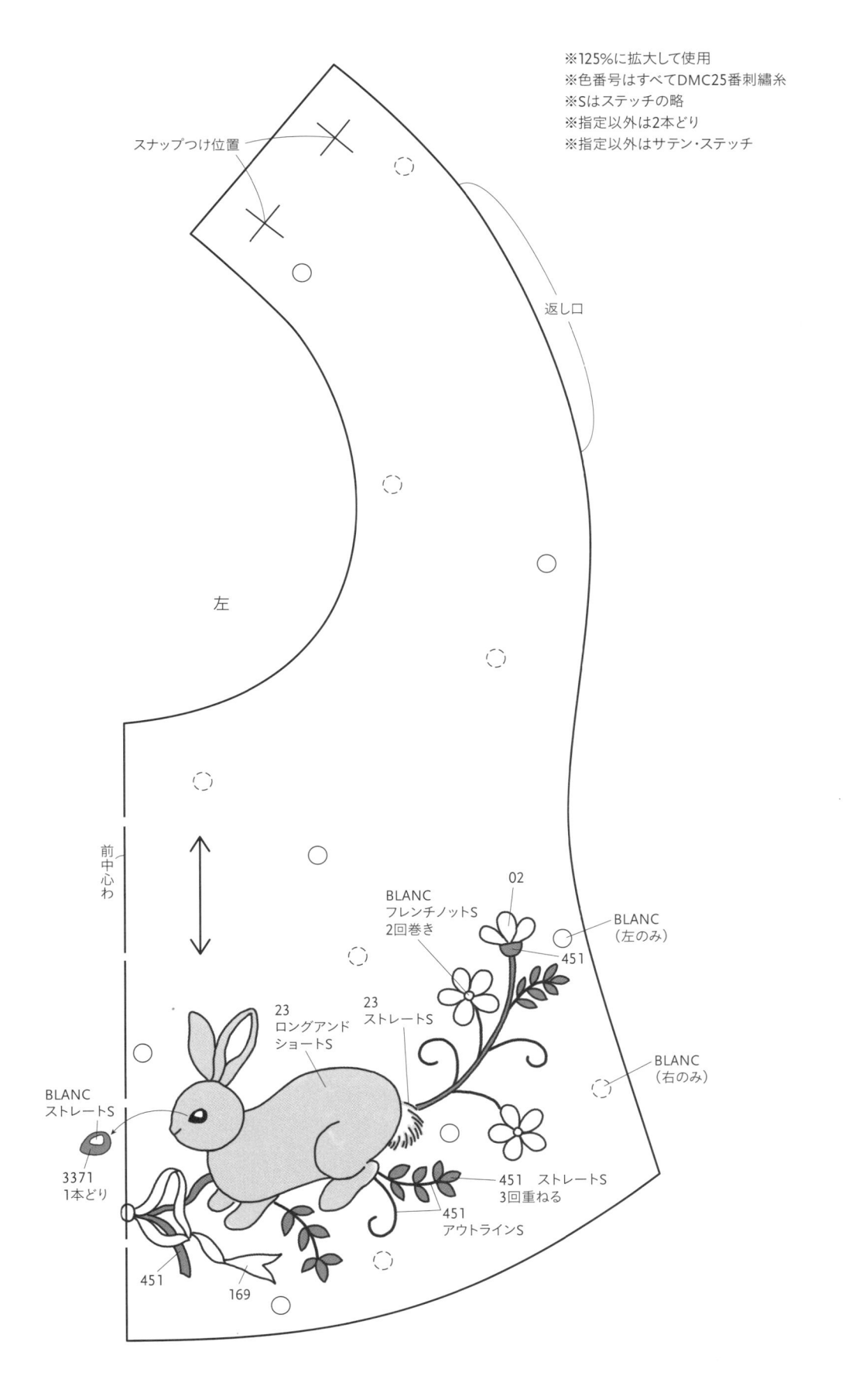

※125%に拡大して使用
※色番号はすべてDMC25番刺繍糸
※Sはステッチの略
※指定以外は2本どり
※指定以外はサテン・ステッチ

スナップつけ位置

返し口

左

前中心わ

BLANC
フレンチノットS
2回巻き

02

BLANC
（左のみ）

451

23
ロングアンド
ショートS

23
ストレートS

BLANC
（右のみ）

BLANC
ストレートS

3371
1本どり

451　ストレートS
3回重ねる

451
アウトラインS

451

169

〈DMC25番刺繍糸〉
07、23、415、746、3371、BLANC

〈材料〉
表布（CHECK&STRIPEオリジナル天使のリネン ホワイト）　65×20cm
内布（CHECK&STRIPEオリジナルコットンのふんわり布 ホワイト）　40×30cm
当て布（フェルト 白）　20×15cm
接着芯　65×20cm
キルト芯　40×30cm
幅0.5cmのサテンリボン（白）　60cm

〈仕上りサイズ〉11cm

〈刺繍と裁断〉
・表布を粗裁ちして裏面に接着芯をはる。
・側面表布に刺繍図案と仕上り線を写して刺繍をする。
・表布、内布、キルト芯の裏面に仕上り線と縫い代線を写して裁断する。
・当て布を裁断する。

〈仕立て〉
1. 側面内布と底内布にそれぞれキルト芯を仮どめする。
2. 側面表布、側面内布をそれぞれ中表に合わせてかかとを縫い、
   縫い代を切りそろえて割る。
3. 側面表布にリボンを仮どめする。
4. 側面表布と側面内布を中表に合わせて履き口を縫い、
   縫い代を切りそろえ、切込みを入れる。
5. 側面を表に返し、底側を仮どめする。
6. 側面内布と底内布を中表に合わせて縫う。
   縫い代に切込みを入れ、底側に倒してまつる。
7. 底表布の縫い代にぐし縫いをし、当て布を当てて糸を引き絞る。
8. 底表布と底内布を外表に合わせてとじる。
9. 形を整え、リボンを蝶結びにする。

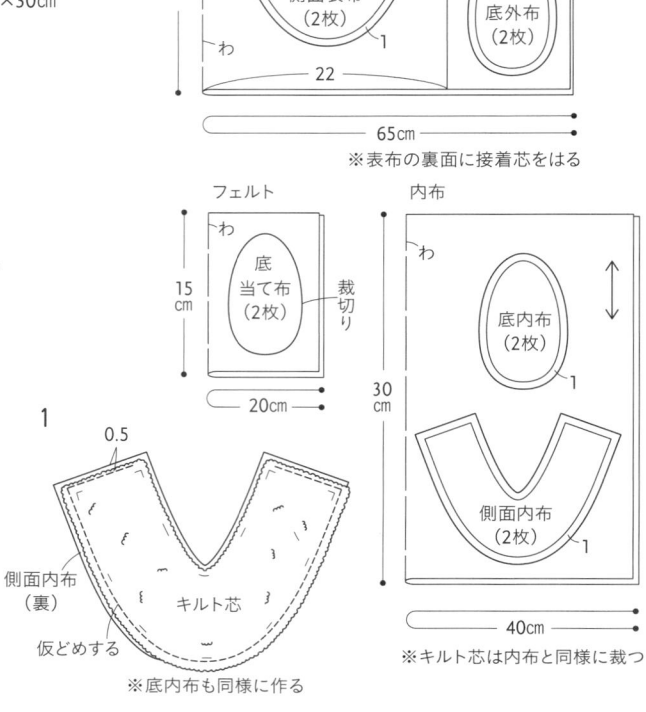

2　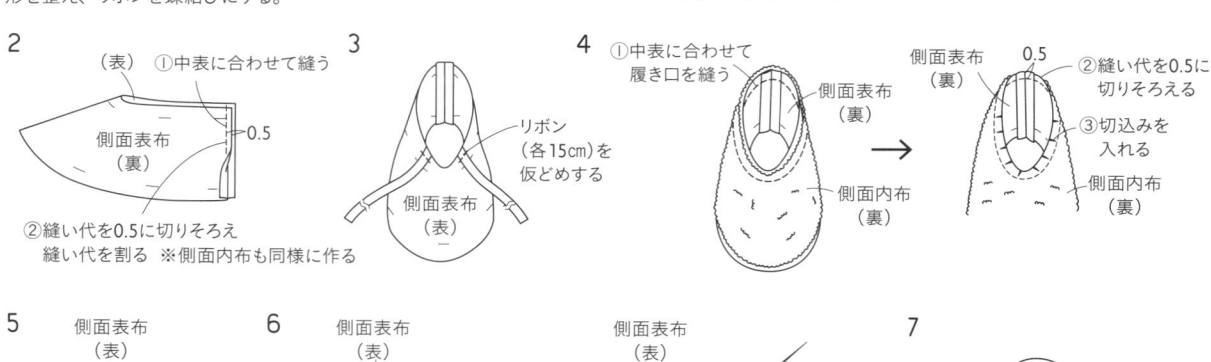

8　9

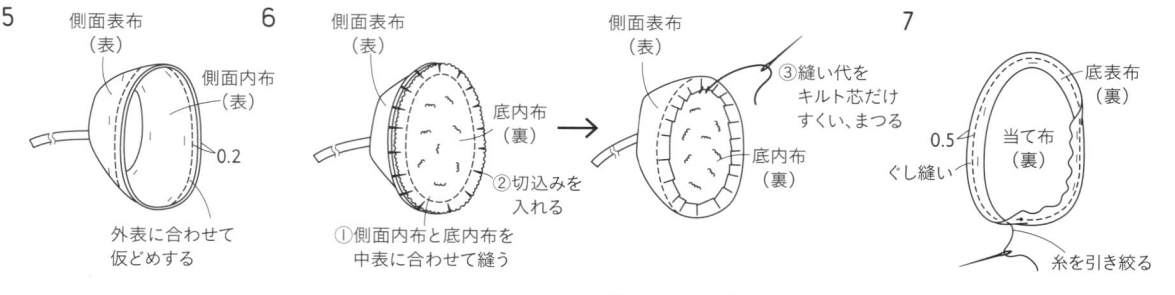

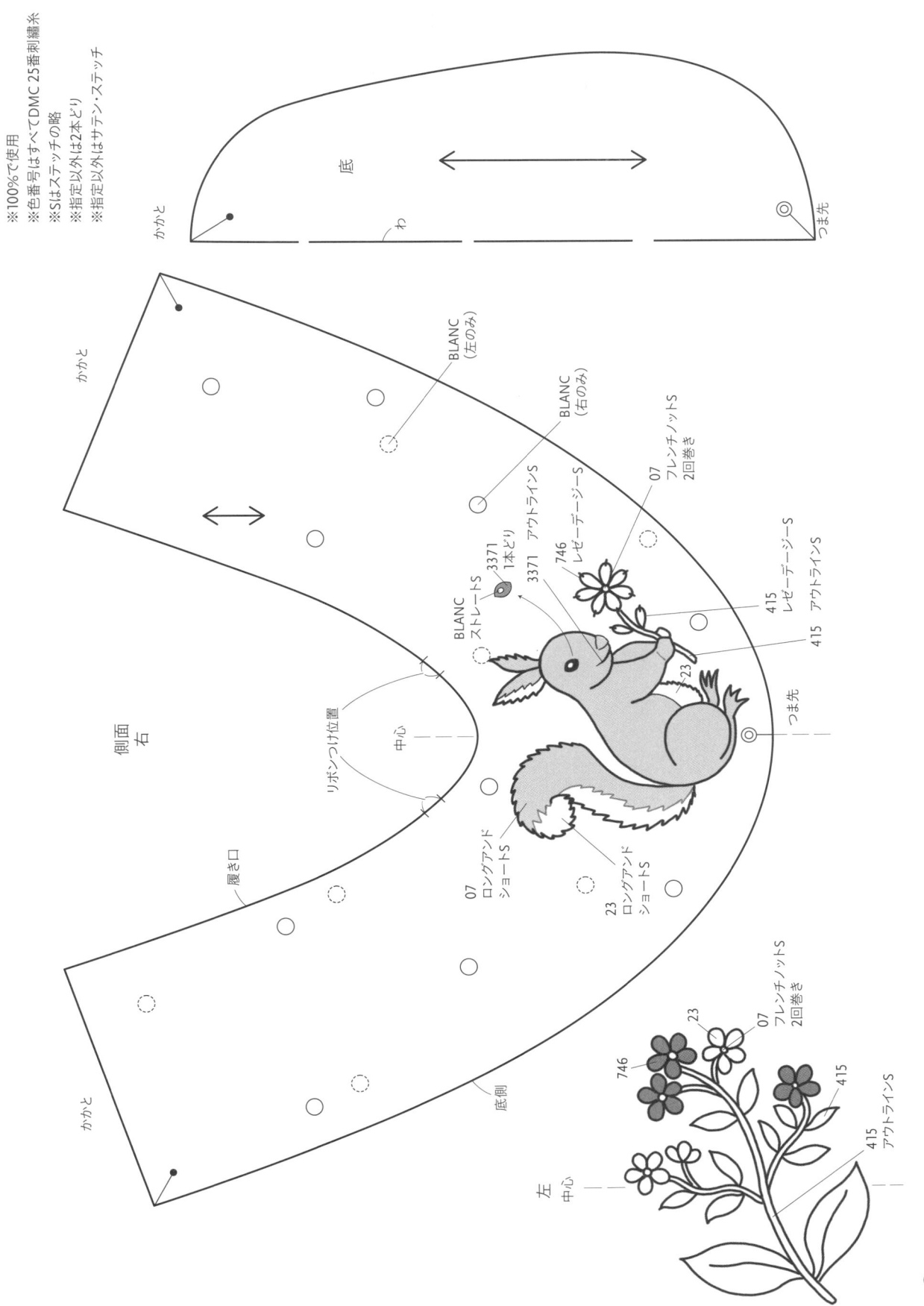

〈DMC25番刺繍糸〉
08、29、437、834、928、934、950、3053、3830、3865
〈材料〉
表布（CHECK&STRIPEオリジナルやさしいリネン マスタード）　30×40cm
接着芯　30×40cm
DMCオリジナルオーバルフープ（HOOP／BULK1）
　（内枠の外周の縦約17.5cm　横約12.5cm）
〈仕上りサイズ〉　外枠の縦約19cm　横約13.5cm
〈刺繍と裁断〉
・表布の裏面に接着芯をはり、刺繍図案を写して刺繍をする。
・内枠を当てて仕上り線を決め、折り代をつけて裁断する。
〈仕立て〉
1.　折り代をピンキングばさみでカットし、ぐし縫いをする。
2.　表布を刺繍枠にはめ、ぐし縫いの糸を引き絞る。

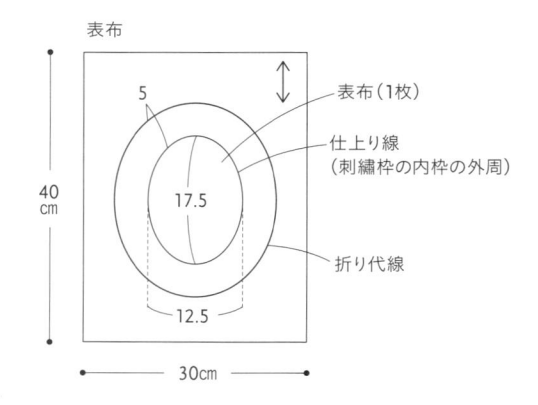

表布

表布（1枚）

仕上り線
（刺繍枠の内枠の外周）

折り代線

40cm

30cm

5

17.5

12.5

※裏面に接着芯をはる
※表布と刺繍図案の中心を合わせる

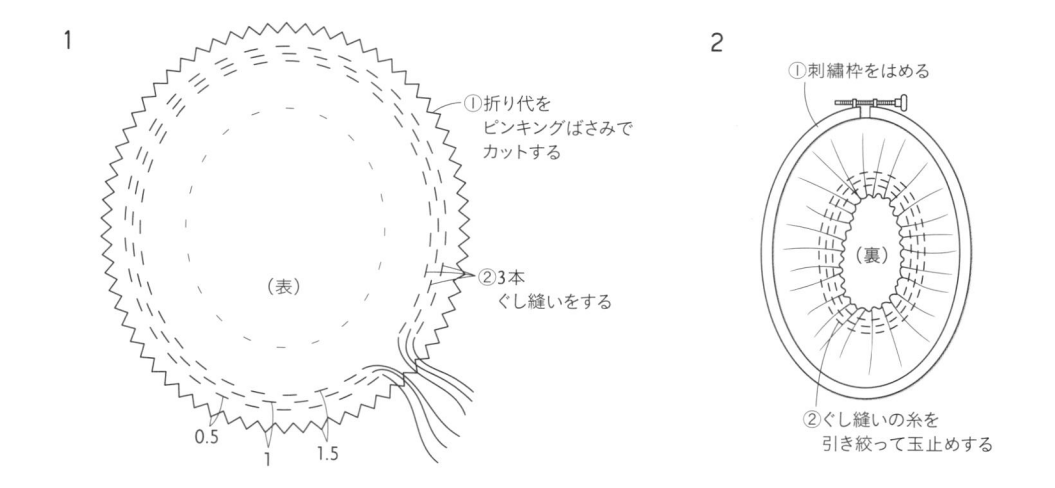

1

（表）

①折り代を
ピンキングばさみで
カットする

②3本
ぐし縫いをする

0.5　1　1.5

2

①刺繍枠をはめる

（裏）

②ぐし縫いの糸を
引き絞って玉止めする

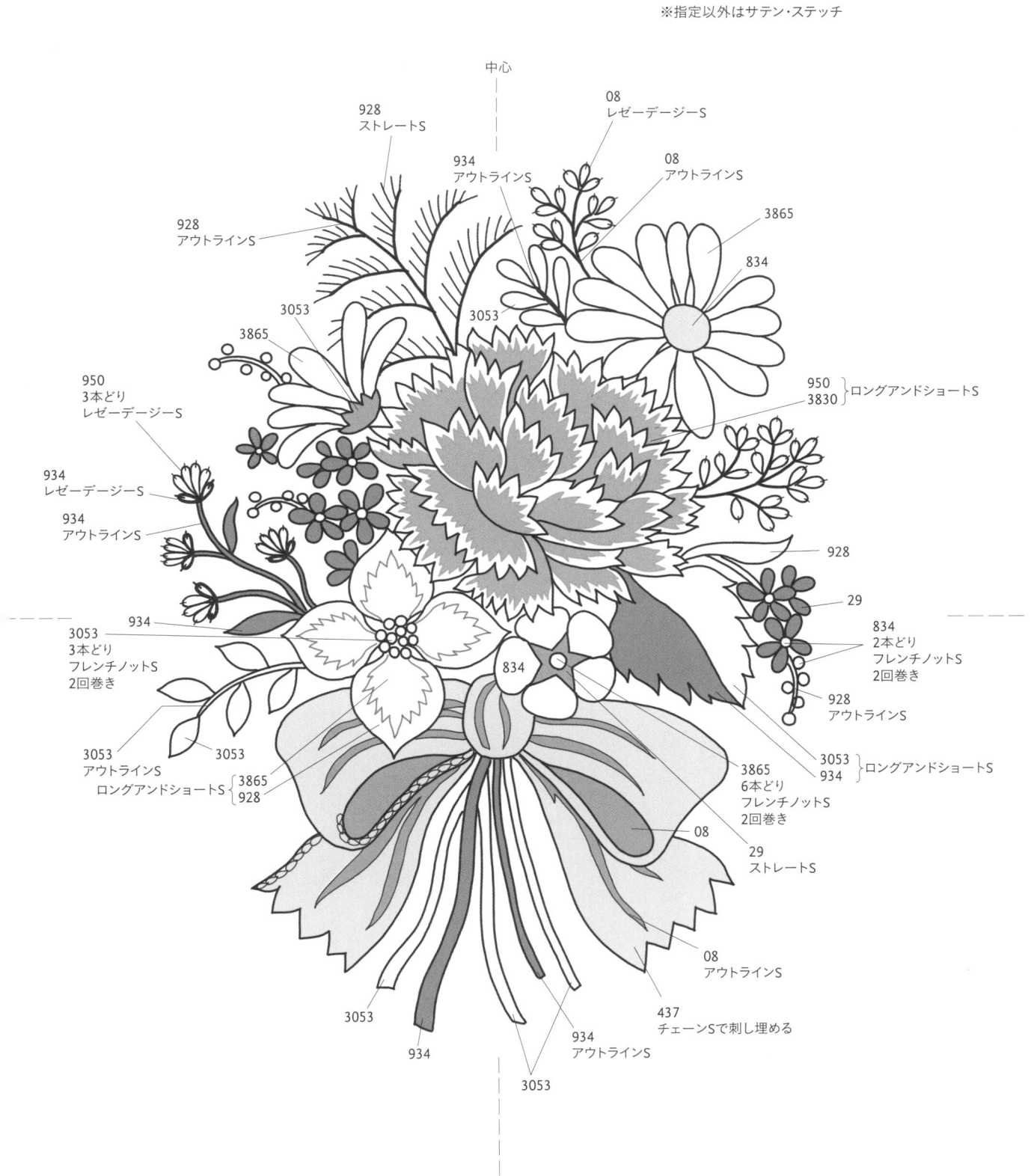

※100%で使用
※色番号はすべてDMC25番刺繍糸
※Sはステッチの略
※指定以外は2本どり
※指定以外はサテン・ステッチ

中心

928
ストレートS

928
アウトラインS

934
アウトラインS

3053

3865

950
3本どり
レゼーデージーS

934
レゼーデージーS

934
アウトラインS

934

3053
3本どり
フレンチノットS
2回巻き

3053
アウトラインS
ロングアンドショートS

3053

08
レゼーデージーS

08
アウトラインS

3865

834

3053

950
3830 }ロングアンドショートS

928

29

834
2本どり
フレンチノットS
2回巻き

928
アウトラインS

3053
934 }ロングアンドショートS

834

3865
6本どり
フレンチノットS
2回巻き

29
ストレートS

08

08
アウトラインS

437
チェーンSで刺し埋める

3865
928 }

3053

934

3053

934
アウトラインS

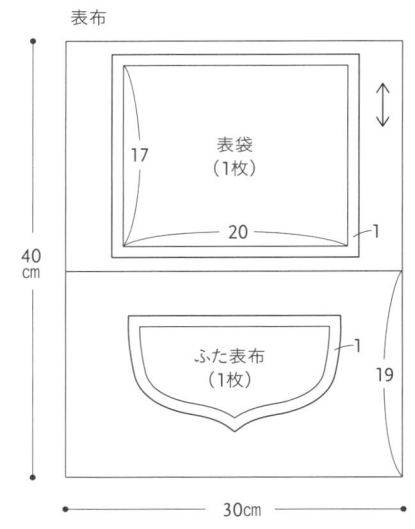

Photo P.24　めがねケース

〈DMC25番刺繍糸〉
03、09、778、3726、3866

〈材料〉
表布（CHECK&STRIPEオリジナルカラーリネン グレイッシュピンク）　30×40cm
内布（CHECK&STRIPEオリジナル海のブロード グレイッシュピンク）　25×35cm
接着芯　30×40cm
キルト芯　22×19cm
マグネットホック（角田商店・G47・10mm・縫付マグネットボタン）　1組み

〈仕上りサイズ〉縦7cm　横17cm　まち幅3cm

〈刺繍と裁断〉
・表袋とふた表布を粗裁ちして裏面に接着芯をはる。
・ふた表布に刺繍図案と仕上り線を写して刺繍をし、
　裏面に仕上り線と縫い代線を写して裁断する。
・表袋、内袋、ふた内布の裏面に仕上り線と縫い代線を写し、裁断する。
・ふた内布のマグネットホックつけ位置の裏面に接着芯をはる。

〈仕立て〉
1．ふた表布と内布を中表に合わせてつけ側を残して縫う。
　　縫い代を切りそろえ、カーブに切込みを入れて表に返す。
2．表袋にキルト芯を仮どめし、中表に二つ折りにして脇を縫う。
　　底の角を三角に折ってまちを縫い、縫い代を切りそろえる。
　　内袋も同様に作る。
3．表袋にふたを縫いつける。
4．表袋と内袋を中表に合わせ、ふたつけ位置を残して袋口を縫う。
5．表に返してふたつけ位置をとじ、マグネットホックをつける。

※表布とふた内布のマグネットホックつけ位置の裏に接着芯をはる

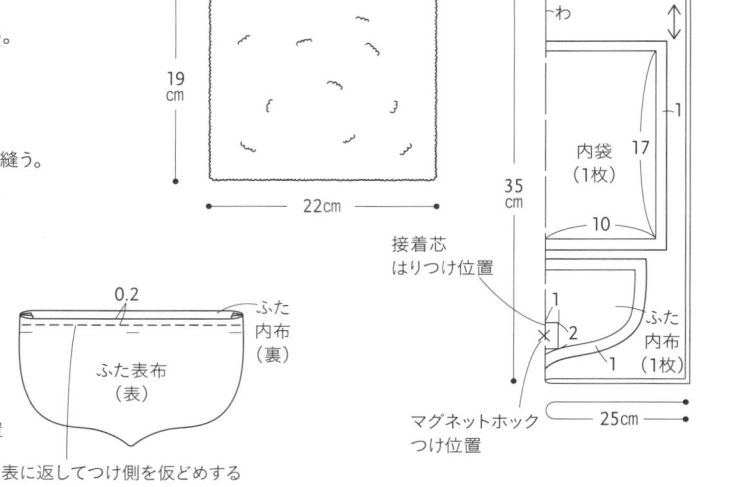

1
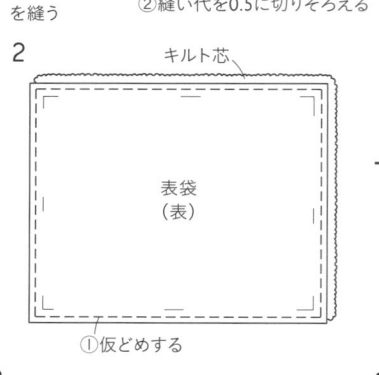

2
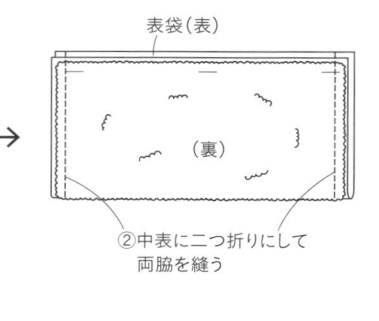

3
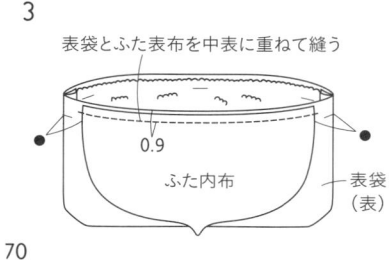

4
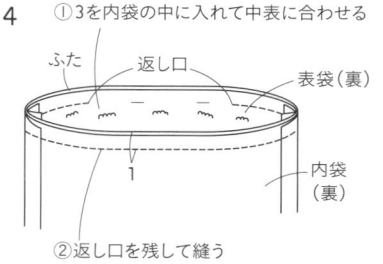

5
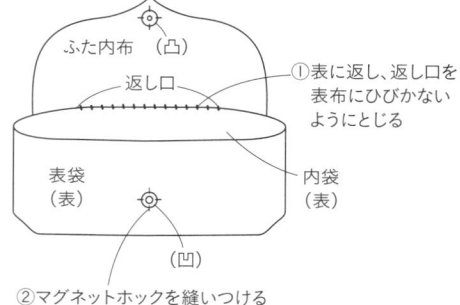

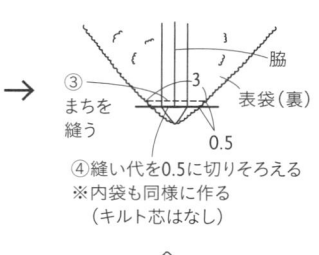

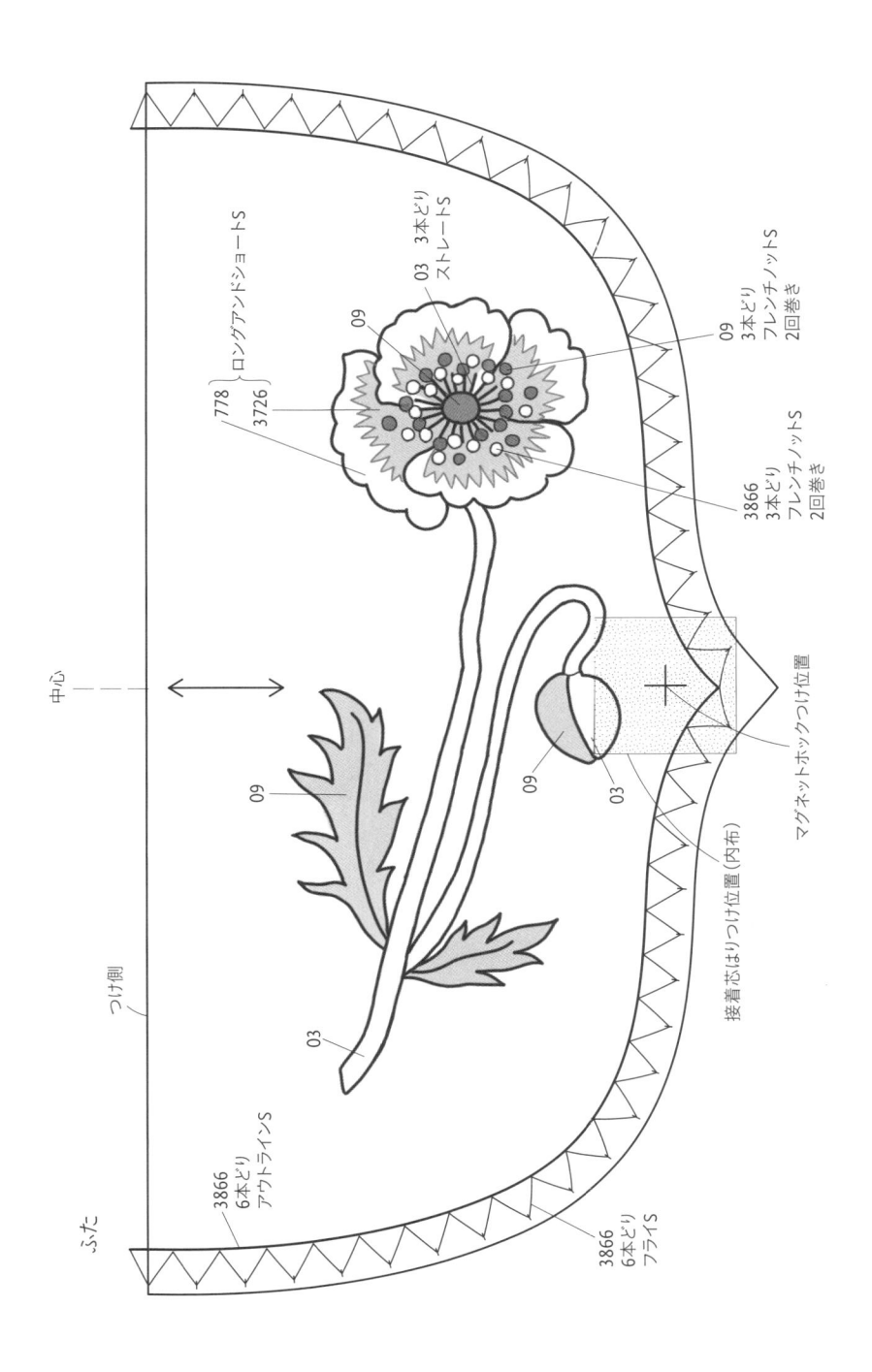

※100%で使用
※色番号はすべてDMC25番刺繍糸
※Sはステッチの略
※指定以外は2本どり
※指定以外はサテン・ステッチ

つけ側

ふた

中心

ロングアンドショートS
778
3726

09

03 3本どり
ストレートS

09
3本どり
フレンチノットS
2回巻き

3866
3本どり
フレンチノットS
2回巻き

09

09

03

マグネットホックつけ位置

接着芯はりつけ位置(内布)

03

3866
6本どり
アウトラインS

3866
6本どり
プライS

71

※125%に拡大して使用
※色番号はすべてDMC25番刺繍糸
※Sはステッチの略
※指定以外は2本どり
※指定以外はサテン・ステッチ

〈DMC25番刺繍糸〉
03、415、451、645、734、758、778、819、930、932、3047、3053、3830、3857、BLANC
〈材料〉　表布（CHECK&STRIPEオリジナル幅広リネン ホワイトベージュ）

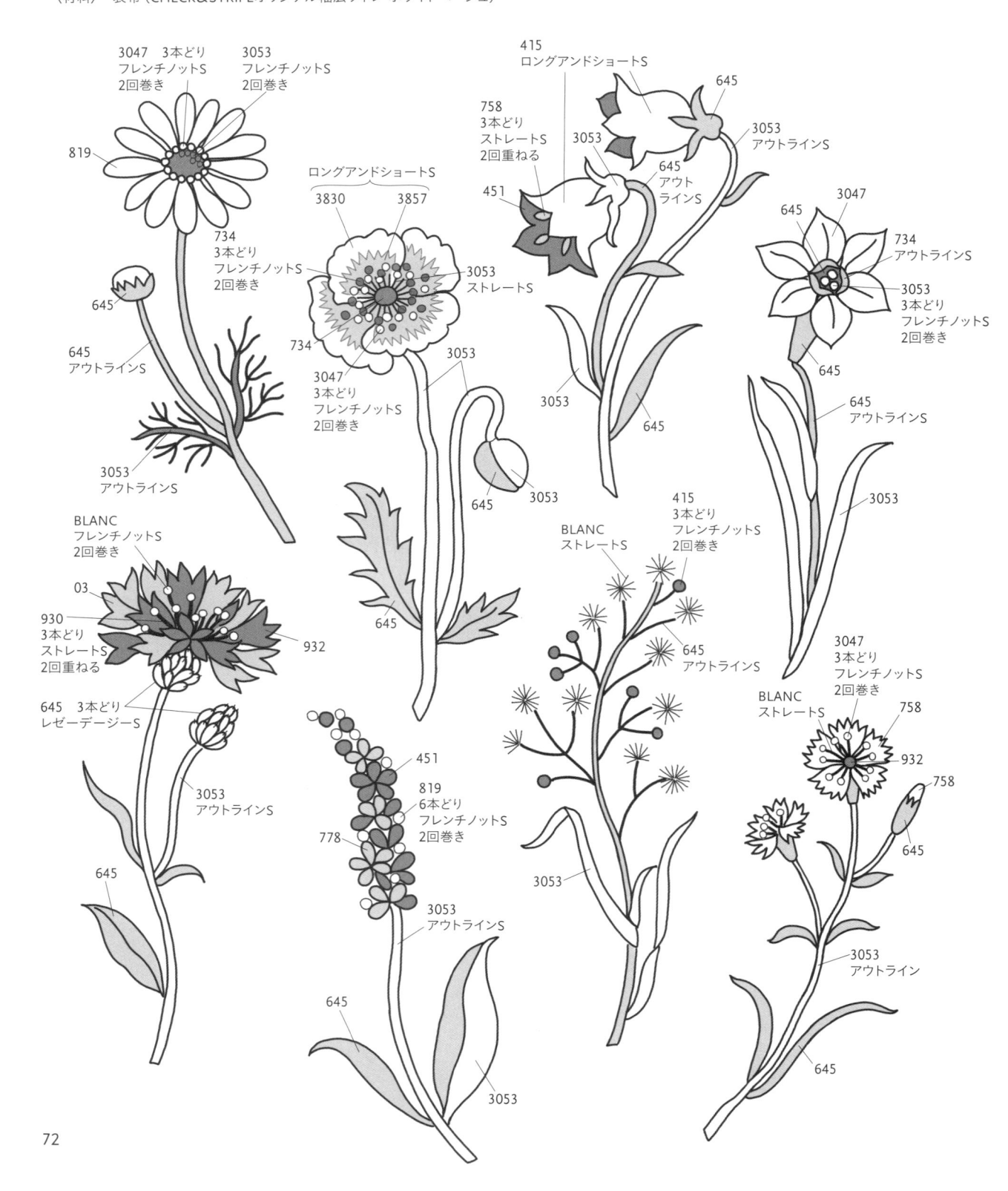

〈DMC25番刺繍糸〉
645、819、3047、3053
〈材料〉
チェック柄のエプロン（赤）
〈刺繍〉
・図案A、Bをランダムに配置して刺繍をする。

※125%に拡大して使用
※色番号はすべてDMC25番刺繍糸
※Sはステッチの略
※指定以外は2本どり
※指定以外はサテン・ステッチ

A　B

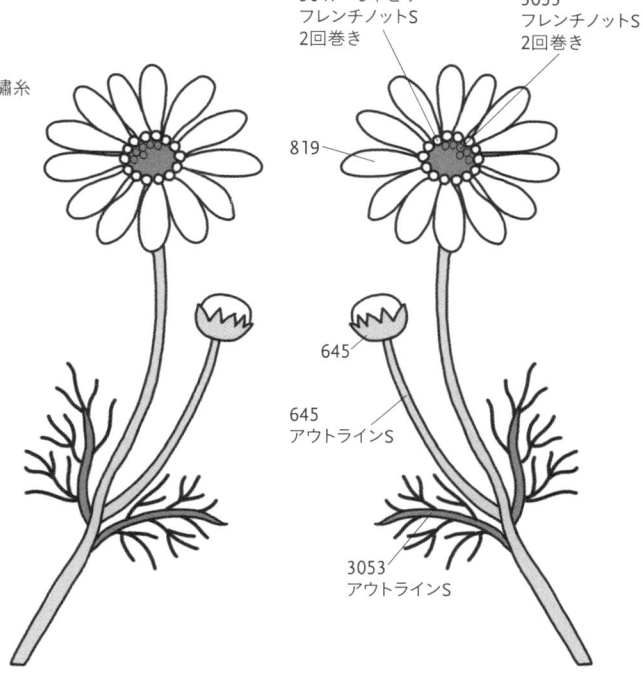

3047　3本どり
フレンチノットS
2回巻き

3053
フレンチノットS
2回巻き

819

645

645
アウトラインS

3053
アウトラインS

Photo P.17　イニシャルハンカチ

〈DMC25番刺繍糸〉
BLANC
〈DMCコットンパール 5番刺繍糸〉
BLANC
〈材料〉
表布（CHECK&STRIPEオリジナル天使のリネン ホワイト）　34×34cm
〈図案〉p.44 〜 46
〈仕上りサイズ〉縦30cm　横30cm
〈裁断〉
・表布に仕上り線、縫い代線を引き、刺繍図案を写して裁断する。
〈仕立て〉
図参照

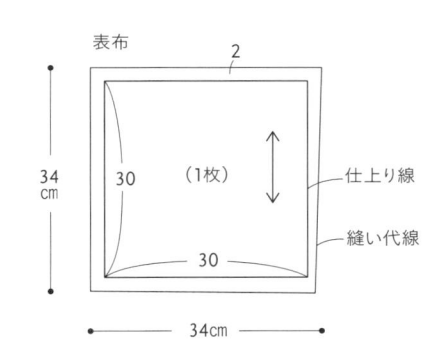

表布

2

34
cm

30

（1枚）

30

仕上り線

縫い代線

34cm

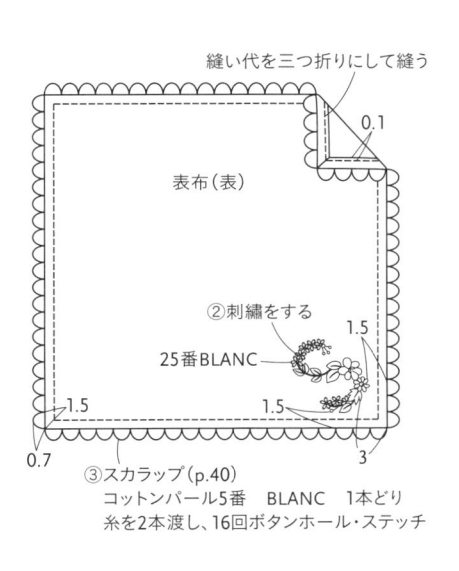

縫い代を三つ折りにして縫う

0.1

表布（表）

②刺繍をする

25番BLANC

1.5

1.5

1.5

1.5

0.7

③スカラップ（p.40）
コットンパール5番　BLANC　1本どり
糸を2本渡し、16回ボタンホール・ステッチ

3

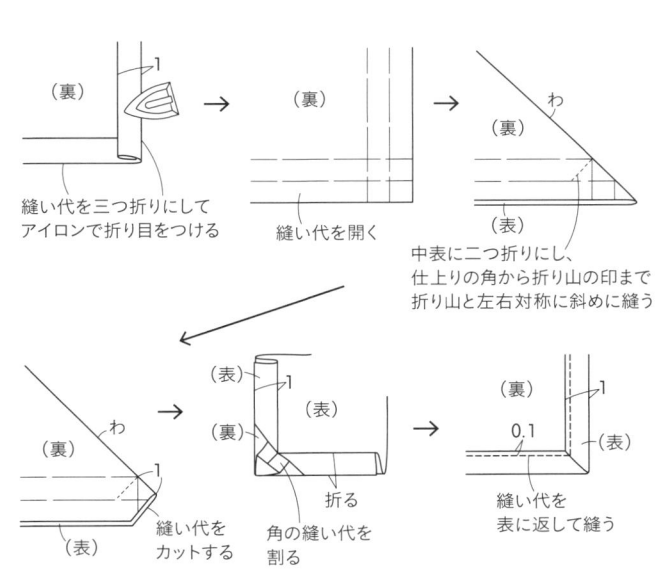

（裏）
1

縫い代を三つ折りにして
アイロンで折り目をつける

（裏）

縫い代を開く

（裏）　わ

（裏）

（表）

中表に二つ折りにし、
仕上りの角から折り山の印まで
折り山と左右対称に斜めに縫う

（裏）　わ

（表）

縫い代を
カットする

（表）
1

（裏）

（表）

折る

角の縫い代を
割る

（裏）
1

0.1

（表）

縫い代を
表に返して縫う

花の連続模様のサンプラー／刺繍のリボン

＊〔　〕内はp.28刺繍のリボン

※125％に拡大して使用

〈DMC25番刺繍糸〉

※色番号はすべてDMC25番刺繍糸

03、05、09、823、930、3047、3727、3813、BLANC、〔712、3799〕

※Sはステッチの略

〈材料〉　表布（CHECK＆STRIPEオリジナルやさしいリネン ストーン）

※指定以外は2本どり

〔幅1.2cmのリネンのリボン〕

※指定以外はサテン・ステッチ

3813
アウトラインS

09
リーフS

3813

05

BLANC
アウトラインS

930

3727

BLANC

BLANC
レゼーデージーS

3047
BLANC ストレートS

3047　アウトラインS

03

09

BLANC
フレンチノットS
2回巻き

05

09　3本どり
アウトラインS

09　3本どり
ストレートS　3回重ねる

BLANC　6本どり
フレンチノットS
2回巻き

823　3本どり
ストレートS　2回重ねる

823　3本どり
アウトラインS

3813　3本どり
アウトラインS

3813
3本どり

3047

03
03　アウトラインS

09
ストレートS

09
アウトラインS

BLANC　3本どり
フレンチノットS
2回巻き

BLANC　3本どり
ストレートS　2回重ねる

05　アウトラインS

930
アウトラインS　930

05
ストレートS

09
レゼーデージーS

09
アウトラインS

05　3本どり
フレンチノットS　2回巻き

712　3本どり
フレンチノットS　2回巻き

3799　レゼーデージーS
3799　アウトラインS

p.28 刺繍のリボン

05
03
3813
アウトラインS

05
リーフS

BLANC
フレンチノットS
2回巻き

3813

823

BLANC

05
アウトラインS

930
アウトラインS

3727
レゼーデージーS

3727
アウトラインS

BLANC

BLANC　3本どり
フレンチノットS　2回巻き

03　3本どり
フレンチノットS　2回巻き

74

〈DMC25番刺繍糸〉　29、168、225、315、370、453、647、712、935、3774、3865
〈材料〉　表布（CHECK&STRIPEオリジナルやさしいリネン　あずきミルク）

※125%に拡大して使用
※色番号はすべてDMC25番刺繍糸
※Sはステッチの略
※指定以外は2本どり
※指定以外はサテン・ステッチ
※フレンチノット・ステッチはすべて2回巻き

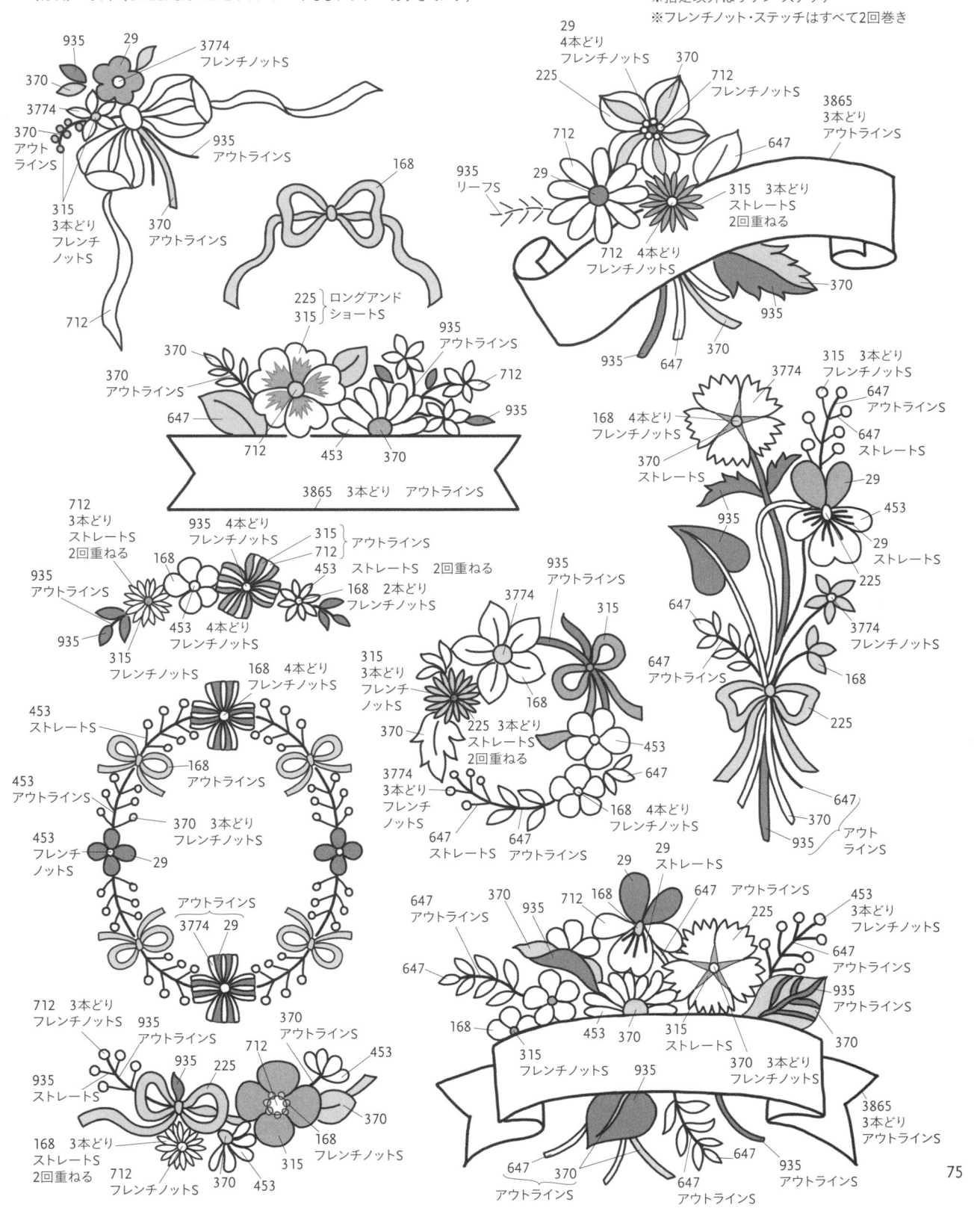

75

〈DMC25番刺繍糸〉　29、168、225、315、370、453、647、935、3774

〈DMCコットンパール 5番刺繍糸〉　3688

〈材料〉

表布（CHECK&STRIPEオリジナルボーイフレンドチノクロス シナモン）
　30×25cm

内布（CHECK&STRIPEオリジナル海のブロード グレイッシュピンク）
　25×18cm

接着芯　30×25cm

カンつき丸形がま口口金（角田商店・F4・6.9cm・ATS）　1個、紙ひも

〈その他〉速乾性接着剤（水性タイプ）

〈仕上りサイズ〉縦14.8cm　横8.5cm

〈刺繍と裁断〉

・表袋前と後ろを粗裁ちしてそれぞれ裏面に接着芯をはる。

・表袋前に刺繍図案と仕上り線を写して刺繍をする。

・表袋、内袋の裏面に仕上り線と縫い代線を写し、裁断する。

〈仕立て〉

1. 表袋前と後ろを中表に合わせて縫止りの下を縫う。
　　縫い代を切りそろえ、カーブに切込みを入れる。内袋も同様に作る。

2. 表袋と内袋を中表に合わせ、返し口を残して袋口を縫い、縫い代をカットする。

3. 表に返して返し口の縫い代を折り込み、ステッチをかける。

4. 口金をはめる。

5. 紙ひもを入れ、口金の両脇をペンチで押さえる。

6. タッセルを作ってつける。

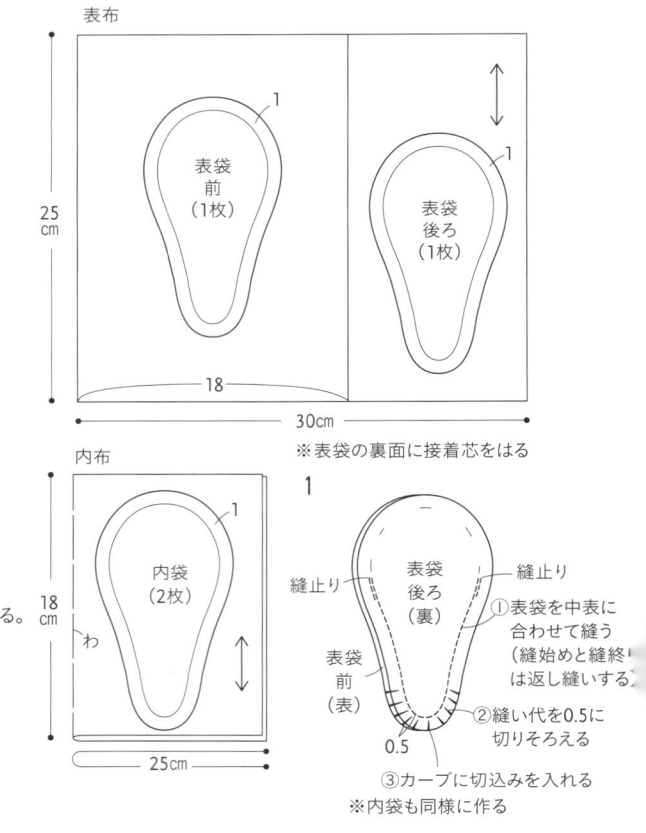

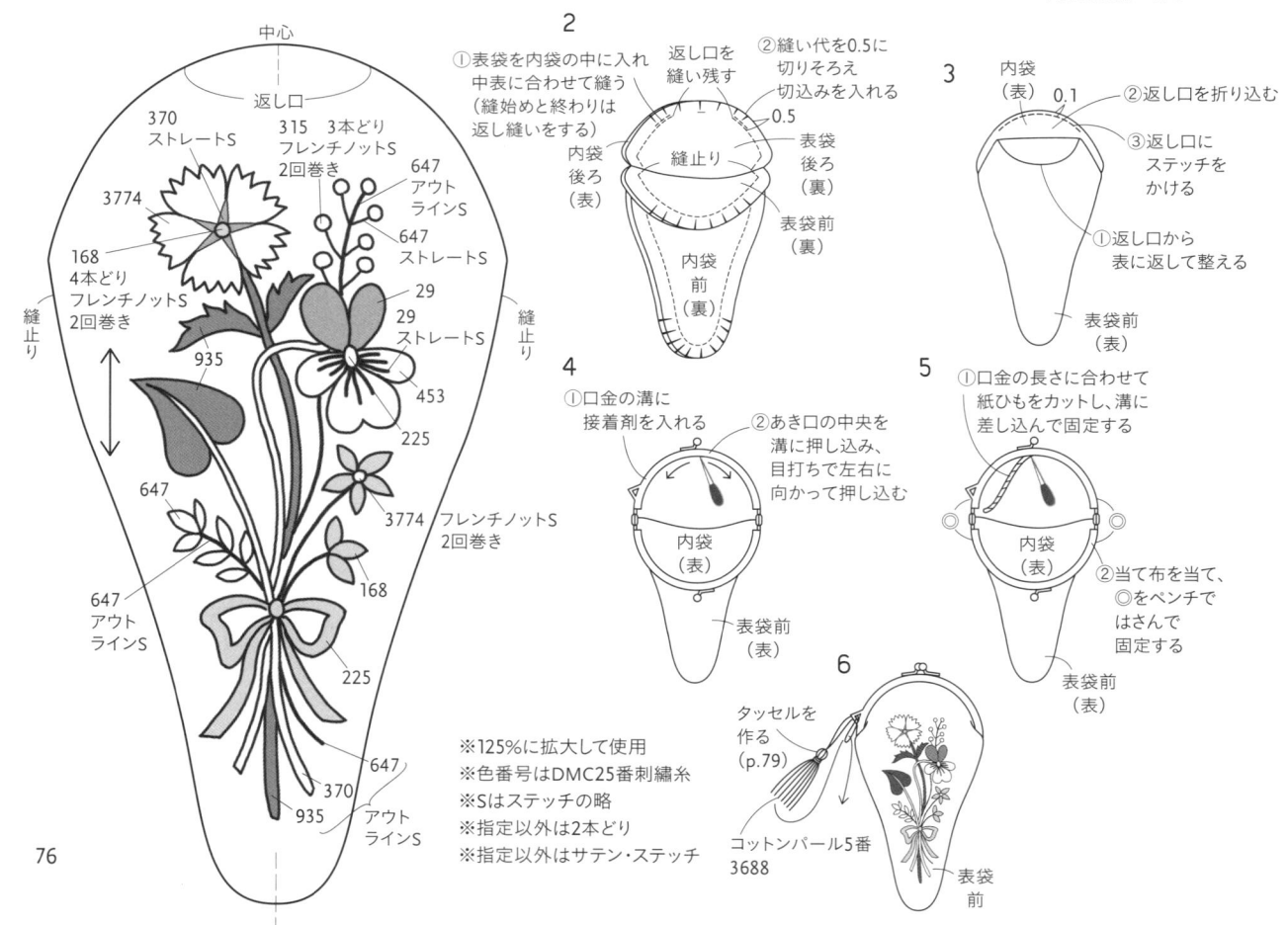

※125%に拡大して使用
※色番号はDMC25番刺繍糸
※Sはステッチの略
※指定以外は2本どり
※指定以外はサテン・ステッチ

〈DMC25番刺繍糸〉
168、225、315、370、453、712、935

〈材料〉
表布（CHECK&STRIPEオリジナルボーイフレンドチノクロス シナモン）
　25×20cm
接着芯　25×20cm
羊毛100%のわた

〈仕上りサイズ〉縦10.5cm　横8cm

〈刺繍と裁断〉
・上面と底を粗裁ちしてそれぞれ裏面に接着芯をはる。
・上面に刺繍図案と仕上り線を写して刺繍をする。
・上面と底の裏面に仕上り線と縫い代線を写し、裁断する。

〈仕立て〉
1.　上面と底を中表に合わせ、返し口を残して縫い、縫い代をカットする。
2.　表に返して羊毛を詰め、返し口をとじる。

ピンクッション
表布

上面
（1枚）

底
（1枚）

20cm

14

25cm

※裏面に接着芯をはる

※100%で使用
※色番号はDMC25番刺繍糸と
※Sはステッチの略
※指定以外は2本どり
※指定以外はサテン・ステッチ

1

①上面前と底を中表に合わせて縫う
（縫始めと終りは返し縫いをする）

底
（裏）

上面
（表）

③カーブに
切込みを
入れる

0.5

返し口

②縫い代を0.5に
切りそろえる

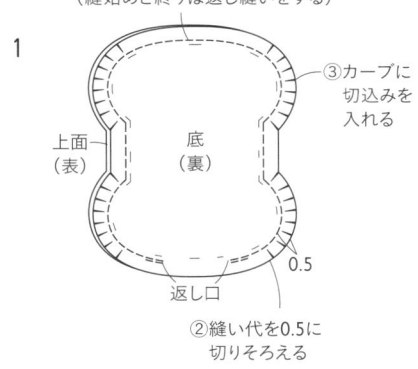

2

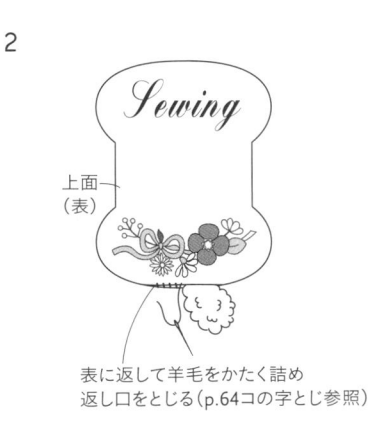

Sewing

上面
（表）

表に返して羊毛をかたく詰め
返し口をとじる（p.64コの字とじ参照）

中心

453　1本どり
アウトラインS

712　3本どり
フレンチノットS
2回巻き

370
アウトラインS

935
アウトラインS

935　225

712

453

935
ストレートS

370

168　3本どり
ストレートS
2回重ね

315

168
フレンチノットS
2回巻き

712
フレンチノットS
2回巻き

370　453

返し口

77

〈DMC25番刺繍糸〉
168、225、315、370、453、647、935、3774
〈DMCコットンパール 5番刺繍糸〉
3688
〈材料〉
表布（CHECK&STRIPEオリジナルボーイフレンドチノクロス シナモン）
　27×16cm
接着芯　27×16cm
薄手キルト芯　25×15cm
幅1cmのグログランリボン（ピンク）　20cm
Dカン（角田商店・M28・1.4mm×10mm・AT）　1個
メジャー　直径約5.5cm
〈その他〉接着剤
〈図案〉p.75
〈仕上りサイズ〉直径約5.5cm
〈刺繍と裁断〉
・型紙を作る。
・表布前と後ろを粗裁ちして裏面に接着芯をはる。
・前に刺繍図案と仕上り線を写して刺繍をする。
・表布前と後ろの裏面に仕上り線と縫い代線を写し、裁断する。
・キルト芯に仕上り線を写し、裁断する。
〈仕立て〉
1.　メジャーの上面に芯を1枚はり、さらに2枚重ねる。
　　底も同様に作る。
2.　表布前の折り代に切込みを入れ、裏に接着剤を塗る。
3.　表布前をメジャーに重ねてはる。
4.　後ろを2、3と同様にメジャーにはり、リボンを巻いてはる。
5.　メジャーの持ち手をDカンにかえる。
6.　タッセルを作ってつける。

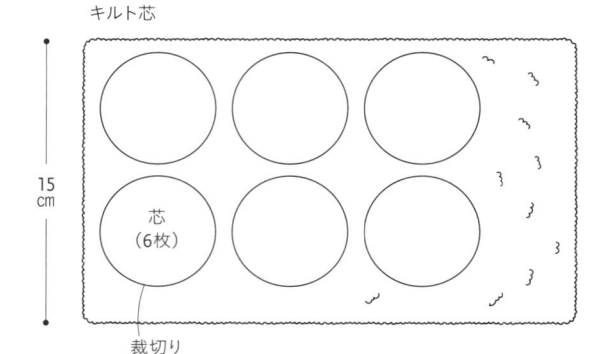

※裏面に接着芯をはる
※前に刺繍図案の中心を合わせる

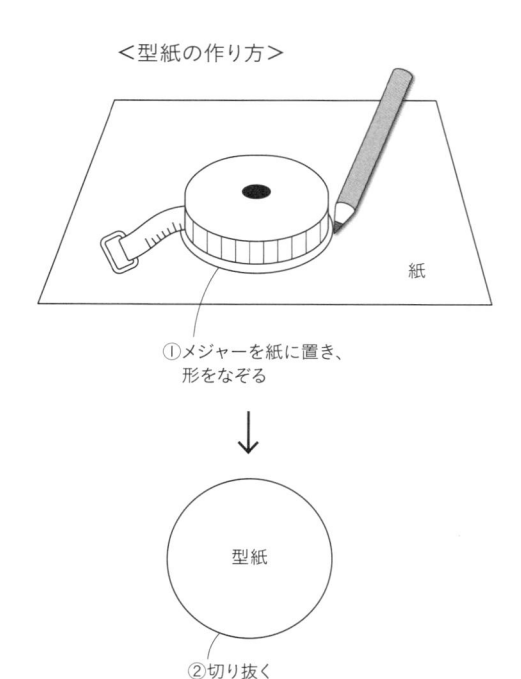

＜型紙の作り方＞

①メジャーを紙に置き、
　形をなぞる

型紙

②切り抜く

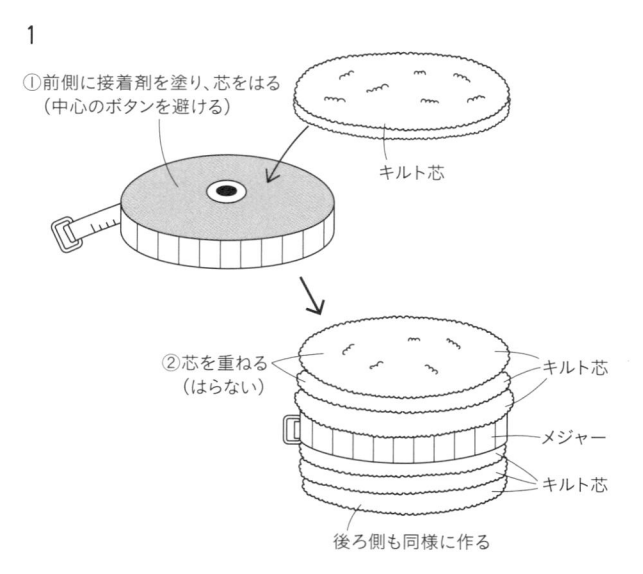

1

①前側に接着剤を塗り、芯をはる
　（中心のボタンを避ける）

キルト芯

②芯を重ねる
　（はらない）

キルト芯
メジャー
キルト芯

後ろ側も同様に作る

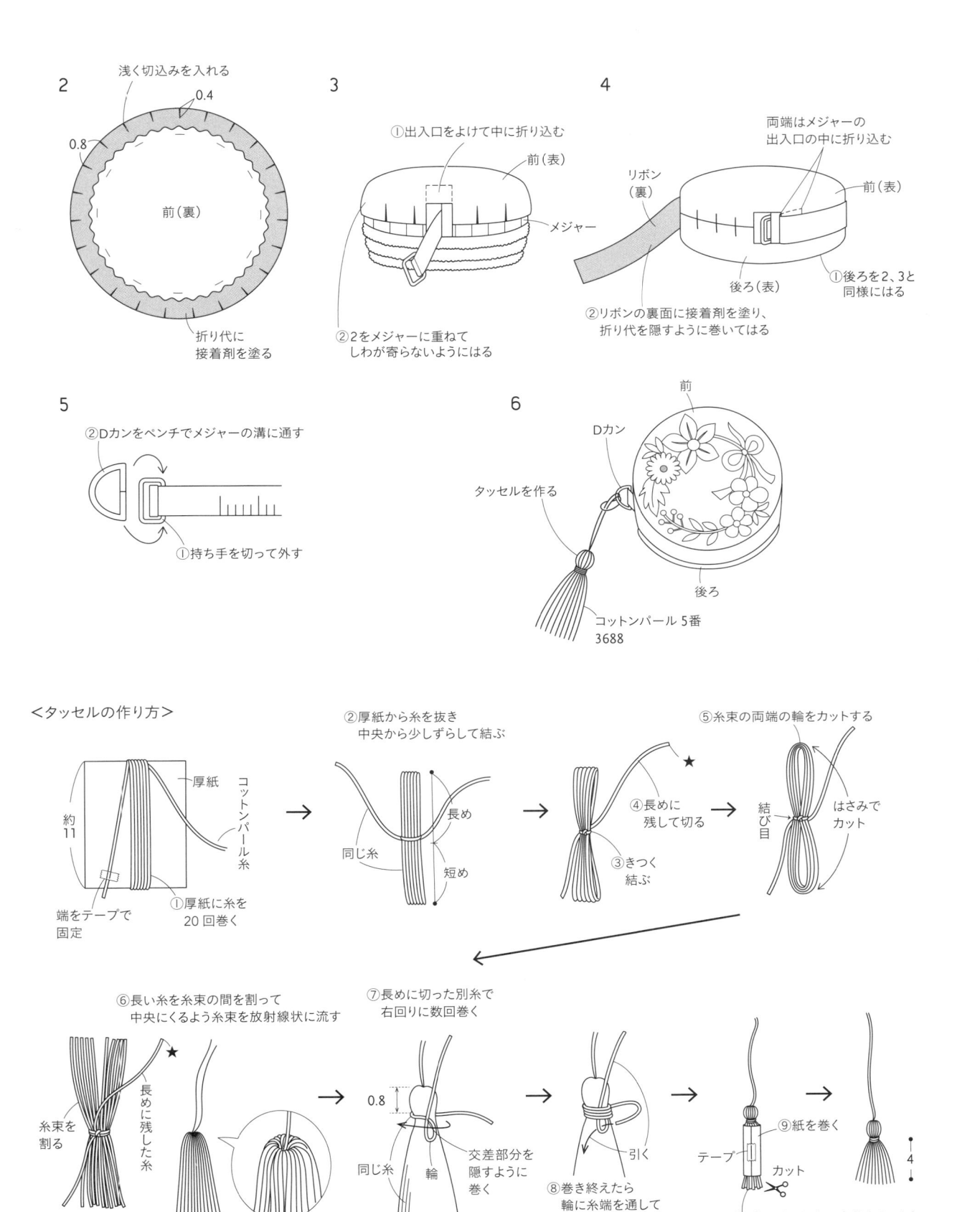

2

浅く切込みを入れる

0.4

0.8

前（裏）

折り代に
接着剤を塗る

3

①出入口をよけて中に折り込む

前（表）

メジャー

②2をメジャーに重ねて
しわが寄らないようにはる

4

両端はメジャーの
出入口の中に折り込む

リボン（裏）

前（表）

後ろ（表）

①後ろを2、3と
同様にはる

②リボンの裏面に接着剤を塗り、
折り代を隠すように巻いてはる

5

②Dカンをペンチでメジャーの溝に通す

①持ち手を切って外す

6

前

Dカン

タッセルを作る

後ろ

コットンパール 5番
3688

<タッセルの作り方>

厚紙

コットンパール糸

約11

端をテープで
固定

①厚紙に糸を
20回巻く

②厚紙から糸を抜き
中央から少しずらして結ぶ

同じ糸

長め

短め

④長めに
残して切る

③きつく
結ぶ

⑤糸束の両端の輪をカットする

結び目

はさみで
カット

⑥長い糸を糸束の間を割って
中央にくるよう糸束を放射線状に流す

糸束を
割る

長めに残した糸

⑦長めに切った別糸で
右回りに数回巻く

0.8

同じ糸　輪

交差部分を
隠すように
巻く

⑧巻き終えたら
輪に糸端を通して
巻始めと巻終りの糸を
引き、輪を引き締める

引く

⑨紙を巻く

テープ

カット

⑩⑧で引いた糸の余分をカットし、
糸束を切りそろえる

4

79

〈DMC25番刺繍糸〉
29、168、225、315、370、453、647、712、935、3865

〈材料〉
表布（CHECK&STRIPEオリジナルやさしいリネン ミンティ）　40×45cm
台布（フェルト オフホワイト）　20×20cm
接着芯　40×45cm
キルト芯　28×15cm
幅0.9cmのコットンサテンリボン（ピンク）　45cm
パイピングコード（オフホワイト）　85cm

〈仕上りサイズ〉縦13cm　横13cm

〈刺繍と裁断〉
・表布と内布を粗裁ちして裏面に接着芯をはる。
・表布に仕上り線を引き、刺繍図案を写して刺繍をする。
・表布、内布の裏面に仕上り線と縫い代線を引いて裁断する。
・台布を裁断する。

〈仕立て〉
1.　表布にパイピングコードを仮どめする。
2.　内布にリボンを仮どめし、キルト芯を重ねて仮どめする。
3.　表布と内布を中表に合わせ、返し口を残して縫う。
4.　表に返して返し口をとじる。
　　台布を重ねて中心を縫う。
5.　リボンの端をピンキングばさみでカットする。

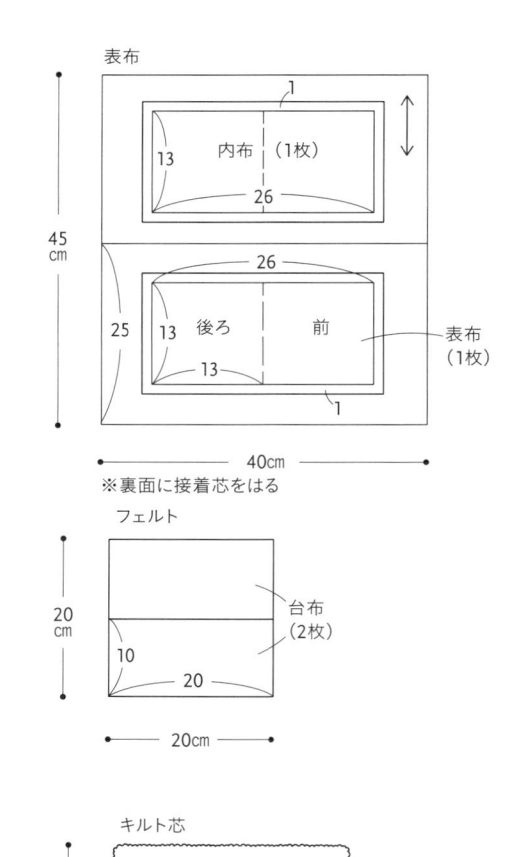

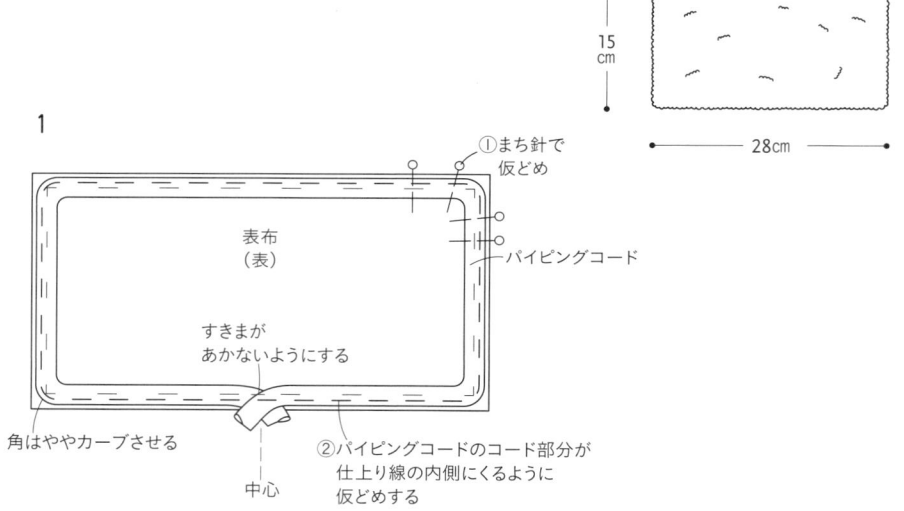

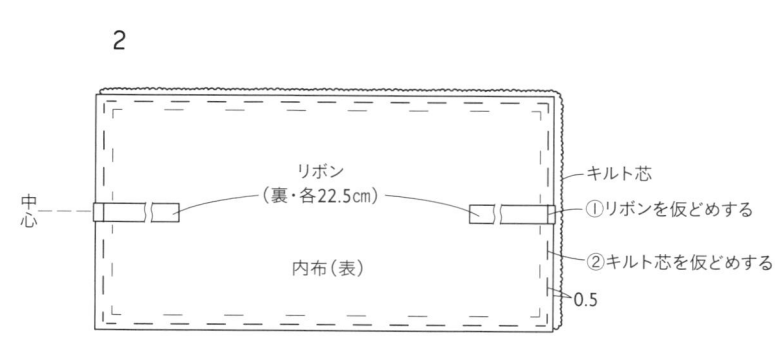

3

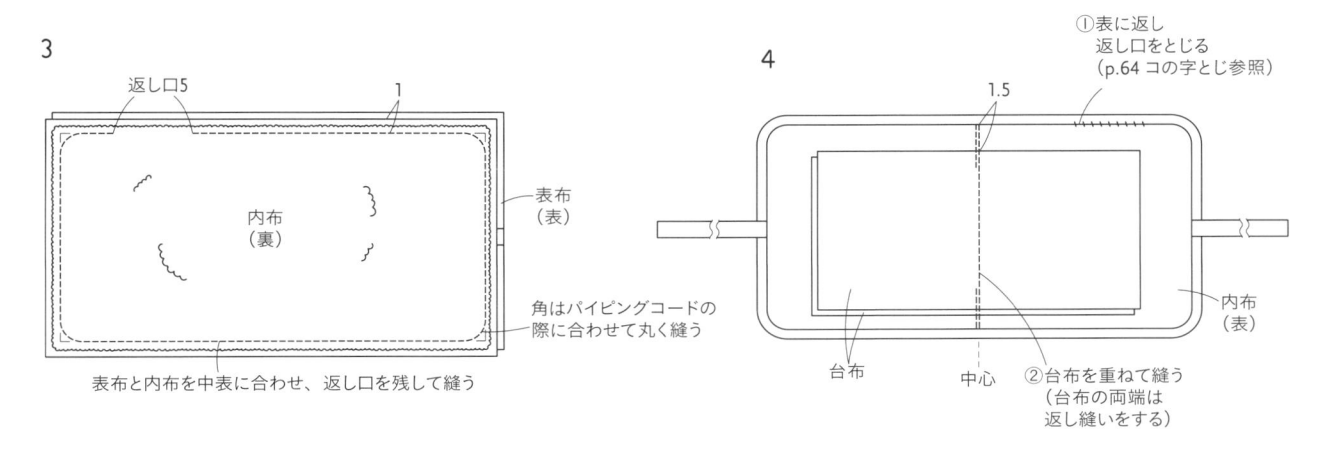

返し口5　　　　　　　　1

内布
（裏）

表布
（表）

角はパイピングコードの
際に合わせて丸く縫う

表布と内布を中表に合わせ、返し口を残して縫う

4

①表に返し
返し口をとじる
（p.64 コの字とじ参照）

1.5

台布　　　　中心

②台布を重ねて縫う
（台布の両端は
返し縫いをする）

内布
（表）

5

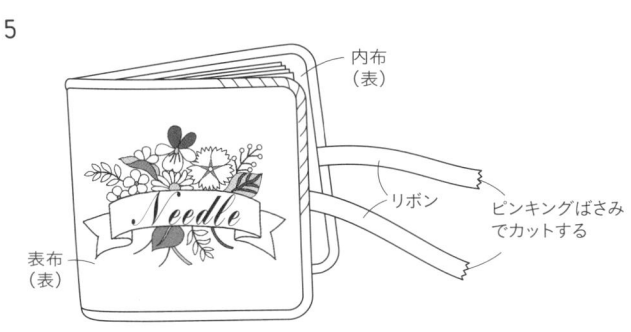

内布
（表）

リボン

ピンキングばさみ
でカットする

表布
（表）

※100%で使用
※色番号はすべてDMC25番刺繡糸
※Sはステッチの略
※指定以外は2本どり
※指定以外はサテン・ステッチ

中心

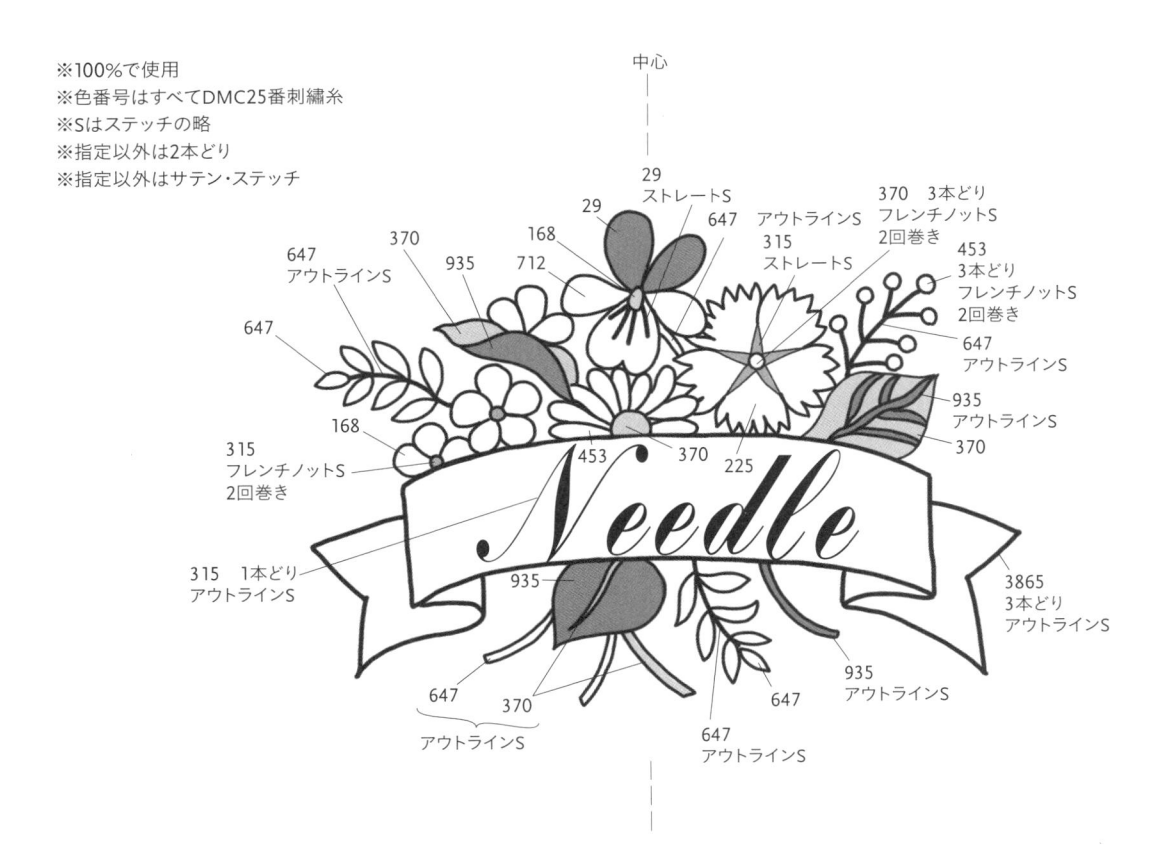

29
ストレートS

29
168
370
647
アウトラインS

370　3本どり
フレンチノットS
2回巻き

315
ストレートS

453
3本どり
フレンチノットS
2回巻き

647
アウトラインS

647
アウトラインS

370
935

712

935
アウトラインS

647

アウトラインS

168

315
フレンチノットS
2回巻き

453

370

225

370

315　1本どり
アウトラインS

935

3865
3本どり
アウトラインS

935
アウトラインS

647

370

647

647

アウトラインS

647
アウトラインS

〈DMC25番刺繍糸〉
鳩　3021、3023、3866／エーデルワイス　645、734、3866
四つ葉のクローバー　520、3023／てんとう虫　355、3021、3023、3866
ホースシュー　3021、3866／鍵　168、734
きのこ　520、734、3021、3023、3866

〈材料〉
共通（1点分）
接着芯　10×10cm

鳩
表布（CHECK&STRIPEオリジナルやさしいリネン　あずきミルク）　10×10cm
刺繍枠　縦約6cm　横約5.5cm
　　（内藤商事　ミニチュア刺繍枠（円）SJ-240 ナチュラル）

エーデルワイス
表布（CHECK&STRIPEオリジナルやさしいリネン　スモークブルーグレー）
　　10×10cm
刺繍枠　縦約4.5cm　横約4cm
　　（内藤商事　ミニチュア刺繍枠（円）SJ-241 ナチュラル）

四つ葉のクローバー
表布（CHECK&STRIPEオリジナル幅広リネン　ホワイトベージュ）　10×10cm
刺繍枠　縦約4.5cm　横約4cm
　　（内藤商事　ミニチュア刺繍枠（円）SJ-241 ナチュラル）

てんとう虫
表布（CHECK&STRIPEオリジナルやさしいリネン　マスタード）　10×10cm
刺繍枠　縦約3.2cm　横約2.5cm
　　（内藤商事　ミニチュア刺繍枠（円）SJ-242 ナチュラル）

ホースシュー
表布（CHECK&STRIPEオリジナル幅広リネン　ホワイトベージュ）　10×10cm
刺繍枠　縦約3.2cm　横約2.5cm
　　（内藤商事　ミニチュア刺繍枠（円）SJ-242 ナチュラル）

鍵
表布（CHECK&STRIPEオリジナルやさしいリネン　あずきミルク）　10×10cm
楕円形刺繍枠　縦約5cm　横約2.6cm
　　（内藤商事　ミニチュア刺繍枠（楕円縦）SJ-245 ナチュラル）

きのこ
表布（CHECK&STRIPEオリジナルやさしいリネン　スモークブルーグレー）　10×10cm
楕円形刺繍枠　縦約4cm　横約6.2cm
　　（内藤商事　ミニチュア刺繍枠（楕円）SJ-243 ナチュラル）

〈その他〉接着剤

〈仕上りサイズ〉
鳩　縦約6cm　横約5.5cm
エーデルワイス、四つ葉のクローバー　縦約4.5cm　横約4cm
てんとう虫、ホースシュー　縦約3.2cm　横約2.5cm
鍵　縦約5cm　横約2.6cm
きのこ　縦約4cm　横約6.2cm

〈刺繍と裁断〉
・表布の裏面に接着芯をはり、刺繍図案と仕上り線を写して刺繍をする。
・裏面に折り代をつけて裁断する。

〈仕立て〉
1．表布にぐし縫いをする。
2．土台を重ねてぐし縫いの糸を引き絞り、折り代を切りそろえる。
3．木枠にはめてねじを締め、裏あてをはる。

表布

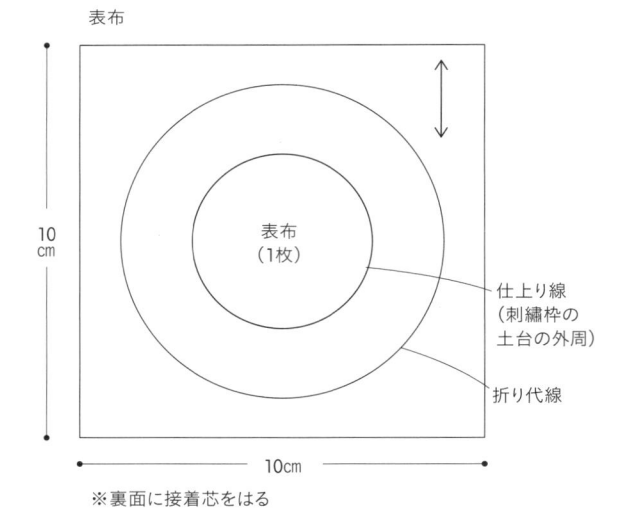

※裏面に接着芯をはる

1

（表）

ぐし縫いをする

2

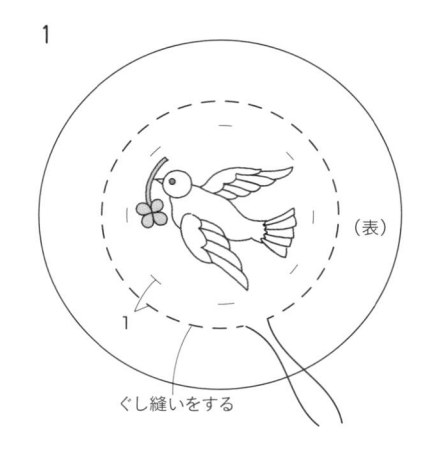

土台（裏）

0.7

②折り代を0.7に切りそろえる

（表）

①表布の裏面に土台を重ねてぐし縫いの糸を引き絞る

3

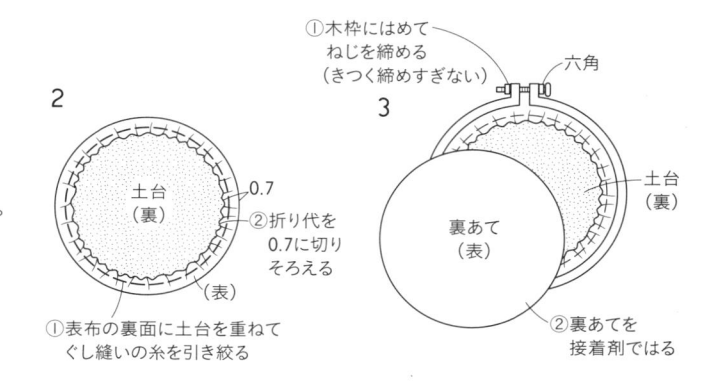

①木枠にはめてねじを締める（きつく締めすぎない）

六角

土台（裏）

裏あて（表）

②裏あてを接着剤ではる

※100%で使用
※色番号はすべてDMC25番刺繍糸
※Sはステッチの略
※指定以外は2本どり
※指定以外はサテン・ステッチ

鳩

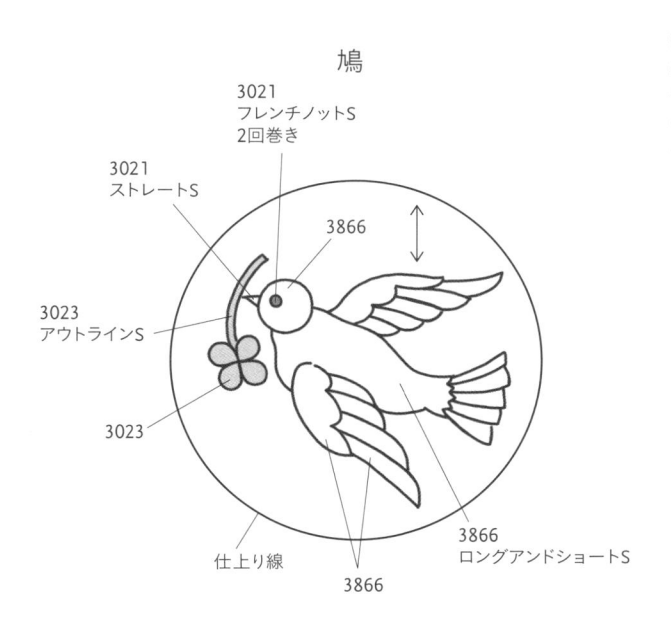

3021
フレンチノットS
2回巻き

3021
ストレートS

3866

3023
アウトラインS

3023

仕上り線

3866

3866
ロングアンドショートS

エーデルワイス

734　6本どり
フレンチノットS
2回巻き

645

3866

645
アウトラインS

仕上り線

645
アウトラインSで刺し埋める

四つ葉のクローバー

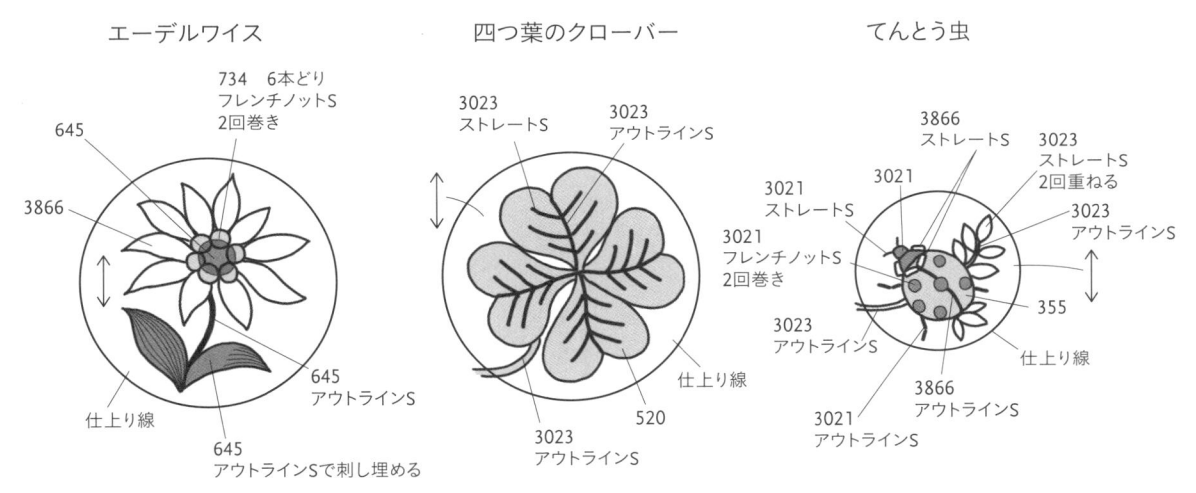

3023
ストレートS

3023
アウトラインS

3023
フレンチノットS
2回巻き

仕上り線

3023
アウトラインS

520

てんとう虫

3866
ストレートS

3023
ストレートS
2回重ねる

3021
ストレートS

3021

3023
アウトラインS

355

3023
アウトラインS

仕上り線

3021
アウトラインS

3866
アウトラインS

ホースシュー

3021

3866
フレンチノットS
2回巻き

仕上り線

鍵

734

168
チェーンS

仕上り線

きのこ

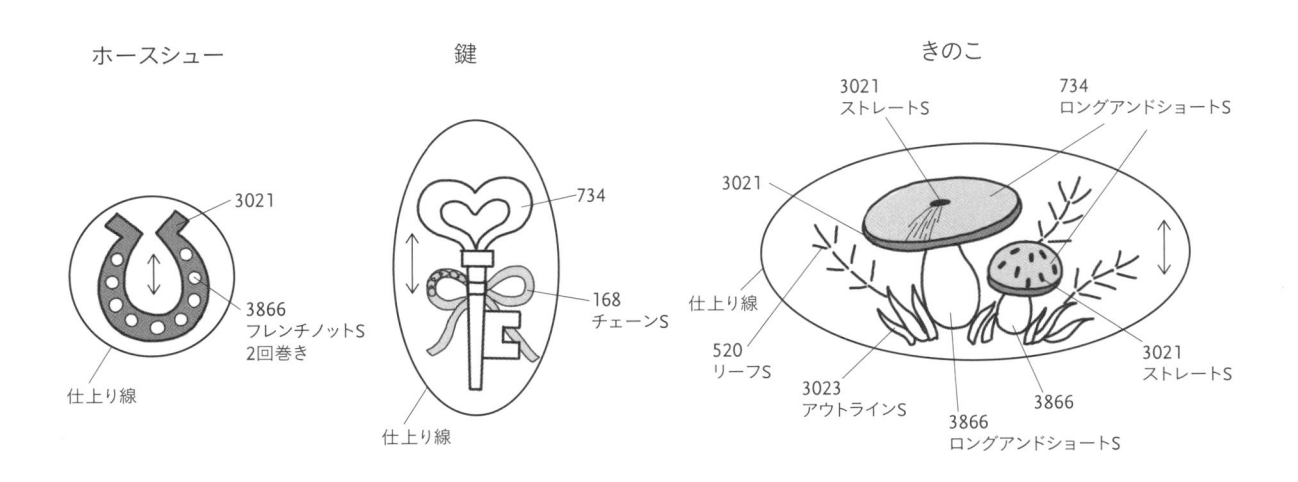

3021
ストレートS

734
ロングアンドショートS

3021

仕上り線

520
リーフS

3023
アウトラインS

3866
ロングアンドショートS

3021
ストレートS

〈DMC25番刺繍糸〉
オリーブ　02、524、645、3861
麦穂　524、611、831、3033
どんぐり　09、611、935、3033、3348

〈材料〉
表布（CHECK&STRIPEオリジナルカラーリネン
　　オリーブ／アンティークホワイト、麦穂／ライトブルー
　　どんぐり／ピーチ）　45×25cm
内布（CHECK&STRIPEオリジナルコットンリネンレジェール
　　グレイッシュピンク）　40×20cm
接着芯　45×25cm
くし形がま口口金（角田商店・F7・9.9cm・BGL）　1個
紙ひも

〈その他〉速乾性接着剤（水性タイプ）
〈仕上りサイズ〉縦12cm　横最大13cm

〈刺繍と裁断〉
・表袋前と後ろを粗裁ちしてそれぞれ裏面に接着芯をはる。
・表袋前に刺繍図案と仕上り線を写して刺繍をする。
・表袋、内袋の裏面に仕上り線と縫い代線を写し、裁断する。

〈仕立て〉
1．表袋前と後ろを中表に合わせて縫止りの下を縫う。
　　縫い代を切りそろえ、カーブに切込みを入れて割る。
　　内袋も同様に作る。
2．表袋と内袋を中表に合わせ、返し口を残して袋口を縫い、
　　縫い代を切りそろえる。
3．表に返して袋口をステッチでとめる。
4．口金をつける。

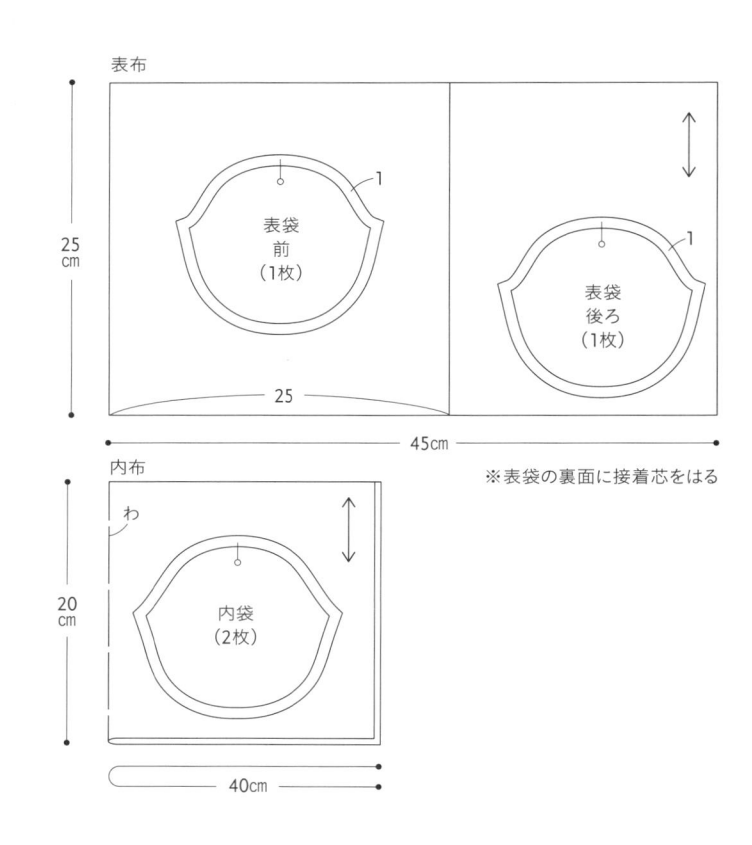

表布
25cm
表袋
前
（1枚）
1
表袋
後ろ
（1枚）
1
25
45cm

※表袋の裏面に接着芯をはる

内布
わ
20cm
内袋
（2枚）
40cm

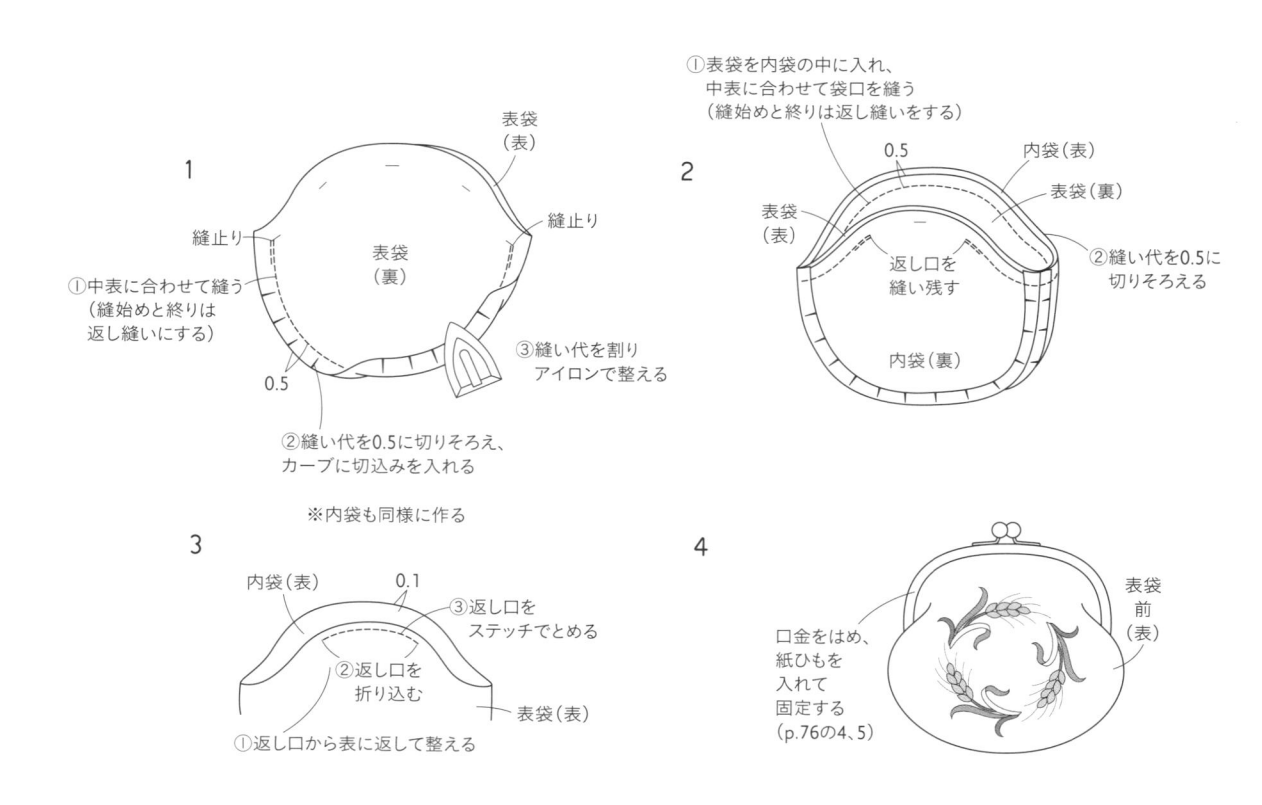

1
表袋（表）
縫止り
縫止り
①中表に合わせて縫う
（縫始めと終りは
返し縫いにする）
表袋（裏）
0.5
②縫い代を0.5に切りそろえ、
カーブに切込みを入れる
③縫い代を割り
アイロンで整える
※内袋も同様に作る

2
①表袋を内袋の中に入れ、
中表に合わせて袋口を縫う
（縫始めと終りは返し縫いをする）
0.5
内袋（表）
表袋（裏）
表袋（表）
返し口を
縫い残す
内袋（裏）
②縫い代を0.5に
切りそろえる

3
内袋（表）
0.1
③返し口を
ステッチでとめる
②返し口を
折り込む
表袋（表）
①返し口から表に返して整える

4
口金をはめ、
紙ひもを
入れて
固定する
（p.76の4、5）
表袋
前
（表）

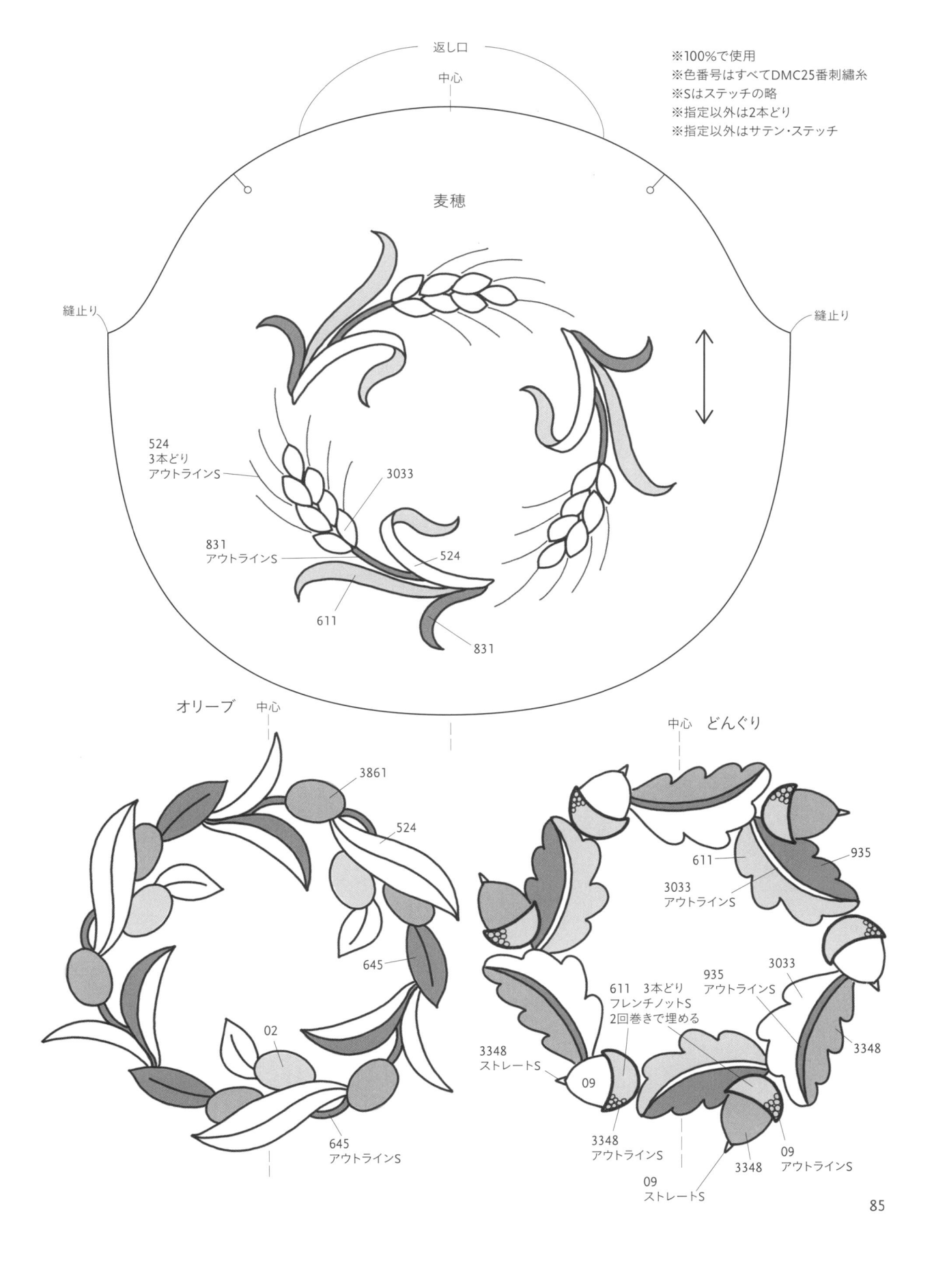

返し口
中心

※100%で使用
※色番号はすべてDMC25番刺繍糸
※Sはステッチの略
※指定以外は2本どり
※指定以外はサテン・ステッチ

麦穂

縫止り

縫止り

524
3本どり
アウトラインS

3033

831
アウトラインS

524

611

831

オリーブ　中心

3861

524

645

02

645
アウトラインS

中心　どんぐり

611

935

3033
アウトラインS

935
アウトラインS

3033

611　3本どり
フレンチノットS
2回巻きで埋める

3348

3348
ストレートS

09

3348
アウトラインS

09
ストレートS

3348

09
アウトラインS

〈DMC25番刺繍糸〉
08、23、28、640、3685、3727

〈材料〉
表布（CHECK&STRIPEオリジナルカラーリネン グレイッシュピンク ）
　25×20cm
接着芯　25×20cm
台紙　16×36.2cm

〈その他〉両面テープ

〈仕上りサイズ〉縦12cm　横16cm

〈刺繍と裁断〉
・表布を粗裁ちして裏面に接着芯をはり、仕上り線を引いて刺繍図案を写す。
・刺繍をし、裏面に仕上り線とのり代線を引いて裁断する。
・台紙を裁断し、指定の位置を切り抜く。

〈仕立て〉
図参照

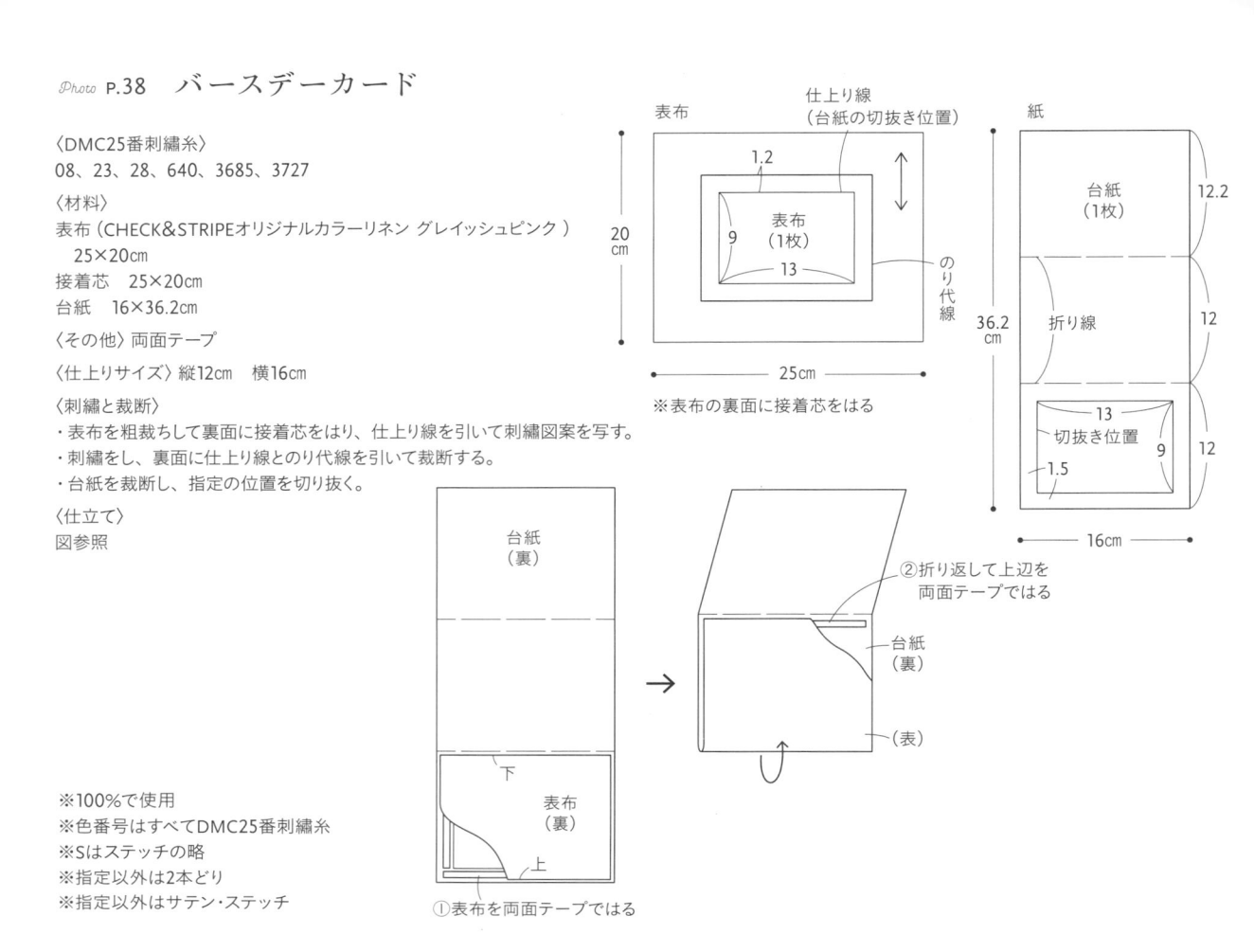

※表布の裏面に接着芯をはる

①表布を両面テープではる
②折り返して上辺を両面テープではる

※100%で使用
※色番号はすべてDMC25番刺繍糸
※Sはステッチの略
※指定以外は2本どり
※指定以外はサテン・ステッチ

※125%に拡大して使用
※色番号はすべてDMC25番刺繍糸
※Sはステッチの略
※指定以外は2本どり
※指定以外はサテン・ステッチ

〈DMC25番刺繍糸〉　白はBLANC、青は930
〈材料〉　表布（CHECK&STRIPEオリジナル幅広リネン　ホワイトベージュ）

フレンチノットS
3本どり
2回巻き

フレンチノットS
2回巻き

レゼーデージーS
3本どり

ストレートS
3本どり

アウトラインS

ストレートS　3本どり
2回重ねる

バックS　3本どり

フレンチノットS　3本どり
2回巻き

アウトラインS
＋
サテンS
1本どり

レゼーデージーS　3本どり

フレンチノットS
3本どり
2回巻き

アウトラインS

フレンチノットS　2回巻き

リーフS　3本どり

蓬萊和歌子（ほうらいわかこ）

兵庫県生れ、京都市在住。京都市立芸術大学美術学部工芸科染織専攻卒。2009年よりRairaiとして、ヨーロッパやアメリカのビンテージ生地やパーツを使った洋服のデザイン・製作の活動をスタート。洋服に施した繊細でノスタルジックな刺繡が注目を集めるようになり、いつしか"身につける刺繡"作品製作が活動の中心に。現在、展示会での作品販売、雑誌への作品提供、キットデザイン、ウェディングドレスのオーダー製作など、幅広く活躍中。著書に『装う刺繡 身につける刺繡』『刺繡で綴る 日々の装い』（以上文化出版局）などがある。
http://www.atelier-rairai.com

ブックデザイン　天野美保子
撮影　大段まちこ
　　　安田如水（プロセス・文化出版局）
スタイリング　前田かおり
モデル　関マリアンナ
ヘアメイク　ナライユミ
作り方解説　吉田 彩
トレース　大楽里美
校閲　向井雅子
技術編集　小泉未来
編集　三角紗綾子（文化出版局）

・刺繡糸、刺繡枠提供
DMC
TEL.03-5296-7831
https://www.dmc.com

・用具提供
クロバー
TEL.06-6978-2277（お客様係）
https://clover.co.jp

・布地提供
CHECK&STRIPE
http://checkandstripe.com

・副資材提供
角田商店
TEL.03-3863-6615（店舗直通）
http://www.towanny.com

内藤商事
TEL. 03-5671-7110
http://www.naitoshoji.co.jp

・撮影協力
Havane
TEL.03-3375-3130
p.8、22のセーター

JEANNE VALET
TEL.03-3464-7612
p.8のワンピース、p.10のスカート、p.26、35のカットソー

AWABEES

刺繡の贈りもの

2019年12月8日　第1刷発行

著　者　蓬萊和歌子
発行者　濱田勝宏
発行所　学校法人文化学園　文化出版局
　　　　〒151-8524 東京都渋谷区代々木3-22-1
　　　　TEL.03-3299-2487（編集）
　　　　TEL.03-3299-2540（営業）
印刷・製本所　　株式会社文化カラー印刷

文化出版局のホームページ　http://books.bunka.ac.jp/